如何成为金钱
练习册

ACCESS CONSCIOUSNESS
"生命中的一切都向我们来得轻松、
喜悦而又充满荣耀！"

加利·德格拉斯

原书名：How to Become Money Workbook

版权 © 2015 Gary M. Douglas

Access Consciousness Publishing

www.accessconsciousnesspublishing.com

如何成为金钱练习册

版权 © 2015 Gary M. Douglas

ISBN: 978-1-63493-209-7

Access Consciousness Publishing

ACCESS CONSCIOUSNESS

"生命中的一切都向我
来得轻松、喜悦而又充满荣耀"

目录

第一章:金钱是什么? 21

第二章: 金钱对你意味着什么? 36

第三章:当你想到钱的时候,你有哪三种情绪? 48

第四章:金钱对你来说感觉是怎样的? 69

第五章:金钱对你来说看起来是什么样子的? 79

第六章:金钱对你来说尝起来像什么? 80

第七章:当你看到金钱朝你过来时,你感觉它是从哪个方向过来的? 85

第八章:就金钱而言,你觉得你拥有的比你需要的多还是少? 88

第九章:就金钱而言,当你闭上眼睛,它是什么颜色的,有多少个次元? .. 90

第十章:就金钱而言,哪个更容易,流入还是流出? 92

第十一章:你最糟糕的三个金钱问题是什么? 94

第十二章:哪个是你拥有更多的,金钱还是债务? 99

第十三章:就金钱而言,为了在你的生活中拥有丰盛的金钱,有哪三样东西会解决你当前的财务状况?.. 101

引言

加利·德格拉斯（Access Consciousness 创始人）最初是从一位名叫拉兹的存有那儿接收到的这些信息。加利已不再用通灵的方式接收信息。本书是他的一次现场课程的文字记录。

Access 是关于赋予你力量来知晓你本自知晓的一切。它是关于觉知。你是那个知晓什么对你是对的人。

请将这本书当作工具来使用，让它辅助你清理掉你创造出的关于金钱的那些疯狂和限制性的观点，从而在你的人生和生活中以更多的金钱和现金流来创造出更多的轻松。

如欲了解关于 Access Consciousness 的更多信息，以及关于生命所有主题的更多产品和课程——事业、金钱、关系、性、魔法、身体以及更多——请前往我们的网站。做和成为创造和生发你的生命与生活所需的任何一切，让它们变得超越你曾感知为可能的任何一切！

www.accessconsciousness.com

加利·德格拉斯通灵一位名叫拉兹的存有之现场课程记录

加利：这个金钱工作坊对我来说将会是一个全新的体验。我不知道它对你们来讲将会是怎样的。确保你们准备好了你们的笔记本和笔等等你们要用到的任何东西，因为今晚你们在这儿会有很多东西要做。从拉兹给我的那一点点信息来看，有很多事情将会发生。再一次，他将让你们志愿来到前面，成为其他人的镜子。所以，如果你对此有顾虑，那你最好拿张毯子把自己包裹起来，好让他看不到你，不然他会问你的。不要对发生的任何事情感到难堪，因为实相是，这里没有一个人不是有着和你一模一样的问题的，只是形式各异罢了。你有 100 万美元还是 50 美分都没什么两样，金钱的问题对每一个人都是棘手的。好吗？那我们现在开始了。

练习册的提问

今晚我们将谈谈如何**成为**金钱，那个你现在**成为**的东西是能量，那个你将成为的东西是能量，那个你曾经成为的东西是能量。那个金钱所是的东西是能量。

随着你，在今晚，回答我们将要做出的提问，请觉察到，你的各个回答的诚实度关系到的不是你周围的人，而是你自己。你所创造的关于金钱的每一个观点都创造了你从中接收它的种种限制和参数。

你创造的所有一切，其他人也创造。请完全诚实于自我，不然，你在愚弄的只是你自己而已；别人不管怎样都会知道你的秘密。

我们要求你记住，我们现在在处理的主题被认为是不轻盈的，但它本应是轻盈的。轻盈是好玩儿的，是个笑话，你可以笑，这没问题。所以准备好成为你所是的开启轻盈（开悟）的存有吧。

如果你真的渴望以此得到结果，那么最好在进入下一章之前，回答本部分的所有提问。

拉斯普廷：大家好！

学员们：晚上好，拉斯普廷。

拉：你们好吗?那么今晚我们将说说你们所有人最珍爱的东西，也就是金钱。而对你们每一个人而言，金钱不是你们认为它所是的那个问题，我们要和你们一起努力，协助你们开始学习如何应对金钱，不是作为一时解决的问题，而是作为那对丰盛——那个你本来如是的真实的自我的容许。

好，我们马上开始。我们向你们做这个提问：金钱是什么?然后你写下三个金钱对于你是什么的答案。不要把你觉得它应该是什么写下来，不要写下"正确"的答案，因为根本就没有那样的答案。容许你的大脑飘走，并容许你现在所处于的地方的真实成为纸上的答案。那么，金钱对你来说是哪三样东西?

问一：金钱是什么？

答一：

_____

_____

_____

_____

答二：

_____

_____

_____

_____

答三：

_____

_____

_____

_____

好，大家都写好了吗?第二个问题是：金钱对你意味着什么?写下三个答案。

问二：金钱对你意味着什么?

答一：

_____

_____

_____

答二：

_____

_____

_____

答三：

_____

_____

_____

第三个问题是：当你想到金钱时，你有哪三种情绪？

问三：当你想到金钱时，你有哪三种情绪？

答一：

_____

_____

_____

答二：

_____

_____

_____

答三：

_____

_____

_____

_____

现在，下一个问题，第四个问题：金钱对你来说感觉是怎样的？三个答案。
金钱对你来说感觉是怎样的？

问四：金钱对你来说感觉是怎样的？

答一：

_____

_____

_____

_____

答二：

_____

_____

_____

_____

答三：

_____

_____

_____

_____

下一个问题：金钱对你来说看起来是什么样子的？

问五：金钱对你来说看起来是什么样子的？

答一：

_____

_____

_____

_____

答二：

_____

_____

_____

_____

答三：

_____

_____

_____

_____

每个人都准备好了吗?下一个问题：金钱对你来说尝起来像什么?把它放进嘴里感觉一下。它尝起来像什么?你们中大部分人从孩提时代起就再也没有把钱放进嘴巴里了，你现在可以用它来做一个参考点。

问六：金钱对你来说尝起来像什么?

答一：

_____

_____

_____

_____

答二：

_____

_____

_____

_____

答三：

_____

_____

_____

_____

下一个问题，大家都准备好了吗?下一个问题是：当你看到金钱朝你过来时，你感觉它是从哪个方向过来的?从右边，从左边，从后面，从前面，从上面，从下面，从四面八方?你看到它从哪儿过来?

问七：当你看到金钱朝你过来时，你感觉它是从哪个方向过来的?

答一：

_____

_____

_____

_____

答二：

_____

_____

_____

_____

答三：

_____

_____

_____

_____

好的，下一个问题：就金钱而言，你觉得你拥有的比你需要的多还是比你需要的少？

问八：就金钱而言，你觉得你拥有的比你需要的多还是比你需要的少？

答一：

_____

_____

_____

答二：

_____

_____

_____

答三：

_____

_____

_____

下一个：就金钱而言，当你闭上眼睛，它是什么颜色的，有多少个次元？

问九：就金钱而言，当你闭上眼睛，它是什么颜色的，有多少个次元？

答一：

_____

_____

_____

_____

答二：

_____

_____

_____

_____

答三：

_____

_____

_____

_____

问十：就金钱而言，哪个更容易，流入还是流出？

答一：

_____

_____

_____

_____

答二：

_____

_____

_____

_____

答三：

_____

_____

_____

_____

下一个问题：你最糟糕的三个金钱问题是什么？

问十一：你最糟糕的三个金钱问题是什么？

答一：

_____

_____

_____

答二：

_____

_____

_____

答三：

_____

_____

_____

_____

下一个问题：**哪个是你拥有更多的，金钱还是债务？**

问十二：哪个是你拥有更多的，金钱还是债务？

答：

_____

_____

_____

_____

我们再给你一个问题：就金钱而言，为了在你的生命中拥有金钱的丰盛，有哪三个解决你现在财务状况的办法？

问十三：就金钱而言，为了在你的生活中拥有丰盛的金钱，有哪三样东西会解决你当前的财务状况？

答一：

_____

_____

_____

答二：

_____

_____

_____

答三：

_____

_____

_____

_____

好了，每个人都有答案了?有人还没有答案?好，现在，回到你的答卷的开头，再阅读一遍提问，问问你自己是否完全诚实地回答了，你写下的答案是否真是你希望写下的。如果不是，改正它们。

看着你们的答案，然后确定你是否是从诚实中创造的它们，对自己诚实。答案没有对与错，都只是些观点，它们全都不过如此，仅仅是各种观点。而你恰恰是从这些限制当中创造了你的人生。如果你正在从宇宙的正确答案中运作，那么你就没有在对自己诚实；因为如果你有对自己诚实的话，你的人生将会大不相同。

金钱是什么?对有些人而言，金钱是汽车，对有些人而言，金钱是房子，对有些人而言，金钱是安全，对有些人而言，金钱是能量的交换。但是，它是这些东西吗?不，不是的。它是能量，正如你也是能量。你和金钱之间本没有区别，除了你给予它的种种观点。而你把种种观点加诸其上是因为你买入了他人的种种观点。

如果你想改变你的财务状况，如果你想改变你生命中的金钱，那么你必须学习处于对所有事物的容许当中。尤其是，当你听到一个传达给你的观点时，你必须注意它，看看它对你而言是否真实。如果它对你是真实的，你就进行了认同附和，并将它变得固化起来；如果它对你不是真实的，你或者抗拒于它，或者反应于它，然后你也把它变得固化起来。即使你自己的各种观点也无需认同，它们只需是有趣的观点而已。

你是什么，你愿意拥有什么，你必须**成为**。那些你在你之内所没有的，你根本不会拥有。如果你把金钱视为在你之外，你无法拥有它。如果你在除了你的存有之内的任何地方看到金钱，那么你将永远不会拥有它，而且从你的观点来看它将永远都不足够。

$$$$$$$$$$$$$$$$$$$$$$$$

第一章

金钱是什么？

拉斯普廷：好啦，每个人都准备好了吗？都写完了吗？都对你们的答案满意了吗？好，现在我们开始谈谈金钱。首先，你们现在，由你们写在纸上的答案，都明白了你们自己对金钱的种种观点。你把你的人生看作是你现在所处的财务状况，你买入了这个观点——你的人生就是你现在所拥有作的财务实相。有趣的观点。

现在，我们来谈谈，正如我们多次提到的，再一次，关于容许和接受之间的区别。容许：你是那溪流中的岩石，而任何的想法、念头、信念或决定会来到你，绕过你然后继续流走，如果你是那溪流中的岩石并且你处于容许的话。如果你处于接受当中，所有的想法、念头、信念和决定都来到你，你变成了溪流的一部分，然后你被冲走。

接受由三个部分组成：附和或认同，使之固化；抗拒，使之固化；反应，使之固化。现实生活中那看起来怎样呢？嗯，如果你的朋友对你说："这世界上就是没有足够的钱。"如果你附和或同意，你说："是的，你说的对"，然后你就令这个观点在他和你自己的人生中固化下来。如果你抗拒它，你心里想着："这家伙想从我这儿要钱"，你也令这个观点在他和你自己的人生中固化下来；如果你对此做出反应，你说："我在我的人生中有很多钱，不知道你哪儿出问题了"，或者你说"这对于我来说可不会是这样的"，你还是买入了这个观点，你为之付了钱，把它放进包里带回了家，然后你把它固化在了你自己的内在。

如果你的朋友对你说："这世界上没有足够的钱"，这只是一个有趣的观点。每一次你听到关于钱的信息，你必须立刻认可到那只是一个有趣的观点。它不必成为你的实相，它不必发生。如果你认为借钱比还钱更容易，那么你就固化了它，然后你就创造了持续的债务。那只是一个有趣的观点，仅此而已。

金钱是什么？嗯，你们有的人认为金钱是金子，有的人认为金钱是汽车，有的人认为金钱是房子，有的人认为金钱是能量交换，有的人认为它是一种交换的媒介。请注意所有这些观点都是一种固化。金钱仅仅是能量。在这个世界上，没有任何事物不是能量。

如果你看向你的人生并认为你没有足够的金钱，你真的在对坐在你身旁来帮助你的天使说，你在告诉他们，你不需要额外的钱，你不需要能量。事实上，你不需要，你是能量，并且你有无限的能量供给。你拥有丰裕的能量来做所有你在你人生中渴望的一切，但你没有选择把你自己创造为金钱，创造为能量，创造为力量。

对你来说，力量是什么？对于你们大多数人而言，力量是关于压倒别人，或是关于控制别人，或是关于控制你自己的人生，或是在你们的人生中加诸控制，或者是控制你们的财运。有趣的观点，呢？

财运，那是什么？它是一个古怪的程序，一个命中注定的程序。每一次你说："我必须要有一个财务自由的程序"时，你都是在告诉自己，你，就个人而言，没有自由。因此，你已经限制了，全然地，你的选择和你体验的一切。

现在，我们要你们闭上眼睛，开始从前方拉动能量，将能量拉进你身体的每一个毛孔。不是吸进来，而是拉进来。好的，现在从你的身后，从所有地方拉能量进来。然后现在从你的两侧拉进能量，再从脚底拉进能量。注意，当你拉能量进来时，有好多的能量可以为你唾手可得。现在，将能量变成金钱。注意到你们大部分人忽然间如何将它变得很密实。那不再是你刚才一直拉进来的能量了，它变得非常重要有意义。你买入了金钱是重要有意义的观点，因而你令金钱变得固化，你附和了这世界其他人就其是以金钱来运作的。这个世界不是以金钱来运作的，这个世界是以能量来运作的。这个世界是以能量之币来交换的，而如果你在以能量来给予和接收金钱，你将拥有丰盛。

但是对你们大多数人来说，能量的流入是一个范畴，是一个概念。现在再次把能量拉进你的全身，拉进来，拉进来。你能保持住它吗？它是看起来似乎在累积变得越来越多吗？它有停留在你身体里不动吗？不，你就是能量，而你把注

22

意力放在哪个方向，你就如何创造能量。金钱亦是如此。

现在，这世界上的一切都是能量。没有一处是你不能从中接收能量的。你可以从地上的狗屎、雪地里的尿液接收能量；你也可以从汽车或出租车司机那里感受到能量。在这些地方，你们全都接收能量了吗？你可以从任何地方接收能量。现在，观想出租车司机，将海量的金钱从你的前方流出涌向出租车司机，任意一个出租车司机都可以。把能量流出来涌向他们，更多，更多，更多，更多，更多，更多，更多。现在，感知从你身后拉进来的能量。你是在限制着从身后进来的能量吗？

金钱从何方而来？如果你看到它是从左边或右边而来，你认为你的生命就是关于工作，因为那是你唯一可以获取金钱的方式。如果你看到它是从你的前方而来，你认为金钱总是属于未来。而如果你看到它是从后方而来，你认为它来自于过去。而这是你曾经有过钱的唯一地方。你的人生是："我过去有过钱，现在我身无分文，所以我非常的可怜。"这不是实相，只是个有趣的观点而已。

现在，当你流出金钱时，你是从你的心轮、你的海底轮，还是你的顶轮流出它的？你从哪里将它流出的？你从每一个地方，你的整个存有流出金钱，然后它从你的整个存有流入。

如果你看到金钱是从你的头顶而来，那么你认为灵性会为你提供金钱。灵性为你提供能量，能量创造你决定要创造的任何一切。你能做什么、能做什么来创造金钱呢？首先，你必须成为力量。力量不是凌驾于他人之上，力量不是控制。力量是能量……无约无限、持续扩展、日益增长、宏伟壮观、辉煌灿烂、精彩绝伦、热情洋溢和迅捷快速的能量。它无处不在，在能量中没有自我的缩减，在力量中也没有自我的缩减，亦没有他人的缩减。当你在成为力量时，你处于完完全全的自我当中！当你是自我时，你就在成为能量，而作为能量，一切都与你连接在一起，这意味着无限的金钱供应也与你连接在一起。

现在，你将成为力量，而要做到它，你每天早晨说十遍"我是力量。"每天晚上也说十遍"我是力量。"你还必须成为什么？创造力。"我是创造力。"创造力是什么？创造力是你人生的愿景，以及你渴望作为你的本质，作为能量的灵魂来进行的工作。你所做的每一件事，都是以创造力而完成，不论你是在扫地、清理厕所、擦玻璃、洗碗、做饭还是写支票，都是作为与力量相连接的创造力而完成，它等同于能量，并产生金钱，因为至此它们没有任何的不同。

下一个你必须具备的要素是觉知。觉知是什么?觉知是意识到一切，你所想的一切，都得以被创造出来。它会显现出来。这正是你的人生是如何仅仅通过你的各个念头所显化的。

如果你对你要去哪儿、你要做什么有创造性的图像，然后你在这图像上附加以它是注定如此的觉知，它就会显现出来。但在这个地球界，你添加了时间之元素——时间!时间是你的杀手，因为如果你今晚上完这个课程后，明天你没有显化出一百万美元的话，你就会认定这个课程毫无价值，然后你会把你学到的一切都抛诸脑后。

那么，你如何解释时间呢?通过成为控制。"我是控制。"

"我是控制"是什么意思?"我是控制"是明了在正确的时间，以正确的方式，无需以你设定的途径，那个你将之展望为创造力、那个你将之觉察为一种完结、那个你作为其力量、作为其能量与之相连接的事物，是以其自身的时间、在其自身的框架内而尘埃落定的。此外，如果你将这四个要素放在一起并容许宇宙调整它的每一个方面，将这世界微调一下成为你的奴役，你将会显化你渴望的一切。

现在，让我们来谈一下欲望。欲望是一种情绪，你是从这个情绪里决定进行创造。它是实相吗?不是，它只是一个有趣的观点。如果你想要某件衣服，你是因为出于某种原因或者是因为你太冷或太热，或你把鞋子已经穿破了才要买它吗?不，你不是因为这个原因，而是很多其他原因。因为有人告诉你穿那个颜色好看，或者有人说你老穿某件衬衫，该换一件了，或者他们认为……（大笑）。好啊，我们很高兴你们终于有点兴致了。（大笑）

好了，所以，欲望是你注入情绪性的需求，然后认定那就是你要坚持的实相。你，作为一个存有，作为能量、作为力量、作为创造力、作为觉知、作为控制，压根儿就没有欲望，一丁点儿都没有。你不在乎你经验什么，你只是选择去经验。但是，在这个地球上，你不选择的却是轻松，你不选择轻松是因为它将意味着你必须成为力量，因为这意味着你要在这个星球上显化平和、宁静、喜悦、欢笑和荣耀。不仅仅为你自己，同时为其他每一个人。

你从自我削减中选择。如果你成为你本自所是的力量，那就需要你活在喜悦、轻松和荣耀当中。

荣耀是对生命生机蓬勃的表达，以及一切之中的丰盛。

什么是一切中的丰盛？一切中的丰盛是你明白，而这也是实相，即你和这星球上的每一个存有、每一个分子连接着，而它们无一不在支持着你和你所是的能量和力量。如果你以任何比此缩减之物来运作，任何比此缩减之物，那么你就是在成为一个无能之人。

从财务不安全感的无力中，你将自己创造成渺小、无能乃至不情愿的人。你不愿意接受成为真正的你的挑战，因为你是力量、你是控制、你是觉知和创造力。而这四个要素创造你的丰盛。因此，成为它们，在你的余生每天都运用它们，或者直到你自己成为它们。你还可以再加一个元素，你可以说："我是金钱、我是金钱。"好，现在我们将要你们跟着我们一起说"我是……" 好吗？好的，那我们开始。

我是力量，我是觉知，我是控制，我是创造力，我是金钱，我是控制，我是力量，我是觉知，我是创造力，我是力量，我是觉知，我是控制，我是金钱，我是觉知，我是力量，我是控制，我是觉知，我是力量，我是控制，我是金钱，我是创造力，我是喜悦。很好。

现在，感觉你的能量，感觉你能量的扩展。这是你的真相，你从这里创造出金钱流。你们每一个人都倾向于把自己拉进你们称之为身体和思想的狭小领域。停止思考，头脑对你是一个无用的工具，把它扔掉，并开始以自我的真相来运作，以你的力量、以你的扩展来运作。完完全全的成为它。现在，你们每一个人，把你们自己拉进你们的财务世界。它感觉起来好吗？

学员们：不好

拉：对的，所以你们怎么会选择在那里生活的？你们是从什么限制性信念中运作的？把它们写下来。

在你的人生中，你是从什么限制性信念运作，而那创造了你的财务世界？

答：

_____

_____

_____

现在，你们保持扩展为力量，看看你在你之内创造出的那个财务世界，不是作为一个实相，而是作为一个你从中运作的空间。什么限制性信念是你不得不持有的来像那样运作？不要缩回到你们的身体里，我们可以感觉到你们正在这么做。触碰那个空间，但不要待在里面。谢谢你们，就是这样。在那里扩展出来，是的，就像这样。不要把自己缩回到那个空间。你们又在这么做了，走出来。

我是力量，我是觉知，我是控制，我是创造力，我是金钱，我是力量，我是控制，我是创造力，我是金钱，我是力量，我是控制，我是创造力，我是金钱，我是力量，我是控制，我是创造力，我是金钱，我是觉知，我是觉知，我是觉知。好的，谢谢你们。

现在，你们在你们的身体之外。你们选择总是把自己缩减到你身体的大小，然后选择一个关于你能够接收什么的限制，因为你认为只有你的身体能接收金钱的能量，而这不是真的。这是你从中运作的那个谎言。好的，现在你们更加扩展了吗？现在你们已经看到了它，每个人都得到答案了吗？有谁没有答案的吗？

学员：我没有。

拉：好的，你没有答案？那让我们来看看。你认为你的财务状况是怎样的？在你的身体里感觉它——它在哪个位置？

学员：在我的眼睛里。

拉：你的眼睛？你的财物状况在那儿，所以你无法看到你在创造什么，是吗？

学员：是的。

拉：那么，觉知是在你的眼睛里吗？啊，有趣，你现在开始走出来了，注意到了吗？是的，你开始走出来了。你从中运作的限制性信念是"我没有远见，看不到将要发生什么和如何控制它。"是这样的吗?

学员:是的。

拉:很好。那么你如何让自己脱离出这个信念呢?现在,其他所有人都了解你从中运作的限制性信念了吗?还有谁在这里需要贡献,需要帮忙的?

学员:我需要。

拉:是吗?那你的财务状况是什么,你感觉它在你身体的哪个部位?

学员:在我的太阳神经丛,还有我的喉咙。

拉:好的,那么在太阳神经丛和喉咙的是什么?进入到那里面,完完全全的感觉它,感觉它,是的,就在那儿。好,你注意到它变得越来越沉重了。是的,正如你所感觉的,每当你进入你的财务问题,越来越多的财务状态就是那样的(沉重)。好的,现在逆转它,让它去往相反方向。那,你感觉到它了吗?它现在正在转变,是不是?

学员:呃,呃。

拉:你的财务顾虑是你没有那份力量或声音来说出你的真相,来让事情发生。

学员:是的。

拉:就是这样。好的。你看到了。现在你们每个人都知道方法了,这就是你们如何逆转你们在自己身体里,在你们的世界里创造出来的效果。你在你身体之内的哪里感觉到了你的财务制约,你逆转它们,让它们从你体内出来,在你的外面,而不是在你的里面。不再是你的一部分,只是一个有趣的观点而已,不过如此。因为在这儿你的确有一个观点,你可以看到它。而那你以之运作的,一如被你的身体限制到的,你同样亦将之创造为对你灵魂的限制。现在,有谁感到眩晕的?有人吗?

学员:我觉得。

拉:有点儿晕,是吗?好的。所以,有点儿晕?你为什么晕?那不是你感到种种金钱顾虑的地方?它们有点像是把你甩出去,你不知道到底如何对付它们?把那份眩晕放到你脑袋外面。嗯,感觉它,感觉它。现在你在扩展了。你看到它不再是一个在你脑袋里无法掌控的东西。没有什么东西是无法掌控的。那完全是胡扯!唯一控制你的东西是你依之运作的红灯,还有告诉你前行的绿灯,而那是当你开车的时候。当你在你的身体里时,你为什么听从这些绿灯和红灯的指令?巴甫洛夫训练吗?现在,我们要求你们回到最初的问题。第一个问题是什么?

学员:金钱是什么?

拉:金钱是什么?金钱对于你们是什么呢?答案。

学员:我的第一个回答是力量。第二个是移动性,第三个是成长。

拉:很好。那这些回答里哪个是真实的?

学员:力量。

拉:真的吗?

学员:力量,这完全真实。

拉:它真的是真实的吗?你认为金钱是力量?你有钱吗?

学员:没有。

拉:所以你没有力量?

学员:对的。

拉:你是这么感觉的吗?无力?你在哪儿感觉到这份无力?

学员:当你这么说的时候,我感到它正在我的太阳神经丛。

拉:好,那你要做什么?把它转出来。

学员:但你知道,当我感觉金钱时,我感到它在我的心里,而当我要做些什么时,在那儿我感觉……

拉:是的,因为那是关于力量的,你在太阳神经丛感觉到的力量的问题。你把你的力量卖掉把它抛弃了,你必须把那个流向逆转过来。力量是你的,你是力量。你并不创造力量,你就是它。感觉它,在那。随着你把它转出来,你开始再一次扩展,不要进入你的头脑,不要思考它,感觉它!是的,就在那儿,把那份力量推出来。

现在，这是什么意思?对于你们所有人，实相是当将钱拥有为力量，你感觉到它是在拉进来，而你却在试图创造力量，如此，你已经假定你是没有力量的，这是那个基本假定。任何粘住你的注意力的，都有着附以谎言的真相。

学员：你能再重复 遍吗?

拉：任何粘住你注意力的，关于力量?

学员：是的。

拉：当你感到力量朝着你而来时，你已经假定你没有力量了。你已经假定了。你已经假定了。这为你做了什么呢?它削减你。不要从假定中创造，那个金钱是力量的假定——感觉它。金钱是力量——这是一个固化的东西，还是仅仅是一个有趣的观点?是你把它变得如此的，如果金钱是力量，感觉那个能量。它是固化的，不是吗?你能以固化的能量来运作吗?不能，因为你恰恰是从那个地方制造了一个盒子，你活在这盒子里，自陷牢笼，就是现在!你活在了金钱是力量的观点里。你的下一个答案是什么?

学员：我的下一个回答是移动性。

拉：移动性?

学员：是的。

拉：金钱让你得以移动，是吗?

学员：是的。

拉：真的吗?你没有钱但你设法从宾夕法尼亚来到了纽约。

学员：嗯，如果你那样说的话……

拉：你做到了吗?

学员：是的。

拉：那么你在这里得到了多少已经改变了你的能量?

学员：噢，比来到这儿所耗费的多多了。你指的是这个吗?

拉：是的，这是一个有趣的观点，是不是?所以你在流向哪个方向，更多地流出还是更多地流入？

学员：哦，从这个观点来看，更多地流入。

拉：好的。但你看，你总是认为你在削减你自己，因为你得到了能量；但你没有把金钱也看作是能量，那能够进来、进来的能量。你以极大的喜悦容许能量，是不是这样？

学员：是的。

拉：欢天喜地的？

学员：是的。

拉：荣耀，正如其所是。现在，感觉那能量的荣耀，在过去几天里你体验到的那个能量。你感觉到了吗？

学员：是的。

拉：把它全部变成金钱。哇噢，那会是怎样的旋风啊，嘿？

学员：（大笑）

拉：所以啊，你怎么会不让那在你剩余的人生里呢？因为你不愿意让你自己接收。因为那个假定是你需要。需要感觉起来如何？

学员：那感觉不好。

拉：感觉像是一个固化的东西，呃？那是你盒子上的盖子。**需要**，是你们的语言里最肮脏的词汇。把它扔掉！把它，马上，写在一张纸上，单独的一张。写下"需要"！把那张纸从本上撕下来，然后撕碎它！现在你得把碎纸片儿放进你的口袋里，不然 D（一个学员）就会有麻烦了。（大笑）很好！这感觉起来怎么样？

学员：很好。

拉：感觉很不错，呃？好了，每一次你用到"需要"这个词时，都把它写下来，然后撕碎它，直到你完全将它从你的字典里抹除掉。

学员：我能问你一个问题吗？

拉：好的，有什么疑问吗？

学员：是的，就是关于……我以为先前你在解释说力量、能量和觉知这些词汇是可以互换的。

拉：不完全。如果你赋予这些词重要性，你就固化了它们。你必须让它们像能量一样持续流动。力量是能量，觉知是能量，正如绝对肯定的知道，没有怀疑，没有保留。如果你在想"下周我将拥有 100 万美元。"而内在你听到一个微小的声音说"你想打个赌吗？"或者另一个声音说"你要怎么做得到呢？"或者，"噢，天呐，我不敢相信，我居然做了这么一个承诺！"你已经反意图化你自己来到一个点，在那儿它无法以你为之创造的时间顺序发生，而这是控制的问题了。

如果你说，"我希望我的银行里有 100 万美元"，然后你知道你会办得到，你也没有在那里放置时间期限，因为你有控制力来监管你的思想过程，每一次你有一个反意图的念头时，你想的是，"哦，有趣的观点"，然后抹除它，它实现的速度就会快得多。每一次你有一个念头，而你不抹掉它的话，你就延长了那个时间段，直到它无法存在。

你将它一点点地削掉。你看，如果你从一个最基本的目的来看，打个比方就如同高尔夫球的球座，置球点在这儿，你要把你的 100 万美元的念头放在这个点上，每一次你说些、想些对于你决定了要创造的东西是负面的东西，你就削去了球座的一部分，直到它倾倒，球滚掉。然后它就不复存在了。然后你又一次打造那个基座，你又一次下定决心，可是你再一次开始不断地削减它。它的平衡——那个置球点，你必须找到那个点并让它一直保持在那里——作为一个知晓、一个已经存在的实相。而这最终，在你的时间序列中，你将追赶上你已经创造出来的东西。只有到那时你才得到它，你才拥有它，它才是你的。好了，我们回到你的第二个回答，移动性。什么是移动性？四处移动你的身体吗？

学员：唔，我指的是这个。

拉：你指的是将身体四处移动还是指自由？

学员：嗯，两个都是。

拉：两个都是？

学员：是的。

拉：嗯，还是那样，你假定了你没有它。注意，正是你的各种假定，即种种负向的观点不允许你——**不允许你**——接收你人生中渴望的一切。如果你说我需要或向往自由，那么你就已经自动创造了那个你没有自由的观点。那既非力量，亦非觉知，亦非控制，亦非创造力。嗯，它是某种创造力。你创造了它，并把它变成了一个你从中运作的实相。意识是一个过程，你将依此过程创造你的人生，而非依照假定。你无法以假定运作。运作 (function) 和假定 (assumption) 还有点押韵呢，我们现在可以写点自己的诗了。好了，现在，你的第三个回答。

学员：第三个，哦，嗯，成长。

拉：噢，在过去 20 年里，你没有成长吗？

学员：嗯，成长，我有个想法是我需要去旅行……

拉：你刚才说什么？

学员：我想要能够旅行……

拉：你刚才说什么？

学员：我说我想要，哦，我刚才说的是"我需要"。

拉：是的，把它写下来，撕碎它。（大笑）你最好把纸再撕得碎一点儿。

学员：是，我觉得也是。是啊，每当我听到令人激动的课程时，我就希望我能够到处旅行上课，这样我可以学到一些东西。

拉：有趣的观点。现在，那个你在从中运作的自动的观点，那个假定是什么？"我负担不起费用。""我没有足够的钱。"感觉你的能量。感觉你的能量。它是什么感觉？

学员：当下感觉非常扩展。

拉：很好。但当你那样说时，你感觉如何？

学员：我那样说时？

拉：是的，当你假定你没有足够的钱时。

学员：噢，那感觉是削减的，感觉……

拉：很好。所以，你还要再从那个地方运作吗？

学员：希望不了。

拉：希望不了？有趣的观点。

学员：可不是。

拉：意识，意识，每一次你感觉如此时，醒过来！！当你感觉像那样的时候，你就不再对你自己真实。你不再成为力量、觉知、控制、创造力或金钱。好的，对于金钱对你是什么，还有谁有任何的观点，是想要对自己假定的观点做一些澄清的吗？

学员：有。

拉：有？

学员：我的第一个回答是宇宙的燃料。

拉：宇宙的燃料？这是你真正相信的吗？它背后的假设是什么？你没有宇宙的燃料？背后的假设是你没有宇宙的燃料。你没有和宇宙连接，以及你不是觉知。这些都是真实的吗？

学员：不是。

拉：它们不是真实的。所以，不要从假设运作，从实相运作。你拥有宇宙的燃料，很多，很多，丰盛无比。是的，就像这样。明白了吗？你还有其他的观点想问的吗？

学员：是的，我的一个回答是生存的垫子（意指以备不时之需）。

拉：噢，非常有趣的观点，我们可以猜想大概还有另外六七个人也有相似的观点吧。那么你在那里从中运作的假设是什么？这个观点里实际上有三个假设。看向它们，你看到了什么，你在那里假定着什么？第一个是你在假设你将会生存下来，或者你必须生存下来。你已经有几十亿岁啦？

学员：60 亿。

拉：至少。所以你已经生存了 60 亿年了，这么多生世里你有多少生世是带着你的垫子的？（大笑）

学员：所有的生世。

拉：你在所有的生世里都带着金钱的垫子，你生存的垫子吗？

学员：是的。

拉：当你说到生存时，你在谈论的是你的身体，你在假定你是一具身体而且必须有钱它才能生存。停止呼吸，并将能量吸入你的太阳神经丛，不要一下吸入太多空气。注意在你感到必须呼吸之前，你可以吸入三到四次能量，然后你的身体感到被充电。是的，像这样。现在你可以呼吸了，吸入能量一如你吸入空气一般。这就是你如何成为能量和金钱，随着你的每一次吸气，你都吸入能量，随着你的每一次吸气，你都吸入金钱；你和金钱之间没有任何的区别。好的。你们现在明白了吗？这样解释能明白吗？

学员：我明白了吗？

拉：你现在是否理解一个人是如何运作的，以及你在那里有什么假设了吗？

学员：是的。

拉：好的，那你还再需要它吗？

学员：不需要了。

拉：很好。那么，你可以对它做些什么？改变它，你们全都可以改变这些东西，去掉那个假设，创造一个新的观点来作为力量、作为能量、作为控制、作为创造力、作为金钱。你愿意拥有什么样的新观点？

学员：我是力量，我是能量。

拉：正是如此，而且你就是，对不对？而且你一直就是？多么有趣的观点！好的，下一个问题，谁愿意主动来回答？

学员：你说对于他的垫子有三个假设。

拉：是的。

学员：我们只听到一个，不是吗？

拉：你们听到两个。

学员：两个?必须生存下去。

拉：我将生存下去，我必须生存下去，我无法生存下去。

学员：是的。

拉：然后第三个是什么?想想看。我不愿意生存下去。这是那个未说出来的观点。

第二章

金钱对你意味着什么?

拉斯普廷:请念出第二个问题,还有回答。

学员:金钱对你意味着什么?

拉:你的第一个回答是什么?

学员:安全感。

拉:安全感,金钱如何是安全感?

学员:如果你有钱,你就在保证着你的现在和未来的安全。

拉:有趣的观点。这是真相吗?是真实的吗?如果你在银行里有钱,而它突然蒸发了,你还是安全的吗?如果你把钱放在家里,在你忘了支付房屋保险费的那天房子着了火,你还有安全感吗?

学员:没有了。

拉:你只有一种安全感,而它不是金钱所带来的。安全感存在于你是一个存有、一个灵魂、一种光的真相里。而你是从这里进行创造的。你是力量,作为能量。作为力量,作为能量,你拥有在那里的唯一的真正安全感。如果你住在加州,你会知道没什么安全可言,因为在你的双脚之下所有东西都是移动的。但是在这里,在东海岸这边,你认为大地是安全的,但实则不然。你们叫做世界的这个地方并非是固定的,它不过是能量。这些墙壁是固态的吗?连你们的科学家都说不是,只是它们的分子移动得更加缓慢,所以它们看起来才是固态的罢了。

你是固态的吗?安全吗?不,你是一堆分子之间的空间,你创造了这个空间并形成了固态的表象。那是一种安全感?如果你有钱就可以是安全的,那当你死

36

的时候能把钱带上吗?你能设法得到一副新的身体然后再带着金钱回来,开始下一世吗?所以,你拥金钱买到的真的是安全感吗?它真的意味着安全感,还是它只是一个你认可的观点而已?一个你从别人那里买入的,你如何创造你人生的观点?

学员:那么,你在告诉我的是如果我想着钱,我就能创造它?

拉:是的,不是如果你想着它,而是如果你**成为**它!

学员:我怎么成为金钱呢?

拉:首先,你必须要拥有你人生的愿景,而你是通过"我是创造力"来进行这个的。作为一个愿景,你是创造力。你是"我是力量",作为能量。你是"我是觉知",因为你完全知晓这世界将成为如你所见的。你还是"我是控制",这控制不是对如何达到你的目标的执著,而是觉知到,如果你令你所做的一切与你的力量和你的觉知保持一致,那么宇宙就将会转动它的齿轮带来你的愿景。然后,如果你让那四个要素就位,你就可以成为"我是金钱"。

你可以使用这些话,你可以说"我是力量,我是觉知,我是控制,我是创造力,我是金钱。"每天早晨和晚上运用它们,直到你成为金钱,直到你成为创造力,直到你成为觉知,直到你成为控制,直到你成为力量。这就是你如何成为金钱的。那成为它的"我是"。因为它就是如此,你现在就是这样创造你自己的。你看,如果你在从"我通过获得金钱就会获得安全感"这个观点来创造着你自己的话,那是什么呢?那是一个时间顺序,一个未来式,对吗?

学员:对。

拉:所以你永远也无法获得它。

学员:你是否总是要处于当下?

拉:是的!"我是"让你总是处在当下。那么,对于金钱你还有什么其他的观点吗?金钱对你意味着什么?

学员:嗯,安全感是我的主要观点,因为其他两个是家和未来。但是,如果我有了安全感,我的家就会是安全的,我的未来也将会是安全的。所以,它实际上……

拉：真的吗？那真的是真实的吗？

学员：不，不，不，不是的。我明白你刚才引领我看到我对安全感的首要需求。

拉：是的，很好。

学员：我明白那些"我是"了。

拉：好的。其他人有什么希望得到澄清的观点吗？

学员：快乐。

拉：快乐，金钱为你买来快乐，呃？

学员：我想是的。

拉：是吗，你口袋里有钱吗？

学员：没多少。

拉：你快乐吗？

学员：呃，呵。

拉：所有，金钱没有给你买来快乐，是吗？

学员：没有。

拉：这就对了。是你创造快乐，是你创造你生活中的喜悦，不是金钱。金钱买不来快乐，但如果你有了这个观点，认为金钱能够买来快乐，而如果你没钱，你怎么能够拥有快乐呢？而随之而来的评判就是："我没有足够的钱来变得快乐。"即使当你得到更多的时候，你仍然没有足够的钱来变得快乐。你明白这点了吗？你对此感觉如何？

学员：我就是，我一直都很快乐，尽管我没有钱。但想到周四我需要付某人钱，而我没有任何的钱，我的情绪就会变糟。

拉：啊！这就是了，现在我们说到点上了——时间。你如何创造金钱？

学员：通过一份工作，靠工作赚钱。

拉：那是一个有趣的观点。你是说你只能通过工作来接收？

学员：那是我过去的经验。

拉：那么，哪个观点在先呢，你必须工作来挣钱的观念，还是那个经验？

学员：那个观念。

拉：对的。你创造了它，难道不是吗？

学员：是的。

拉：所以，你对它是负有责任的；你完全以你的思维模式创造了你的世界。把你们的头脑扔掉吧，它们一直阻碍着你！你认为，你不变得富有，你就会变得受限。你让这个思想程式挡住你的道路，然后你就变得缩减了，你限制了自己将会获得什么和将会得到什么。你一直都有能力创造快乐的，不是吗？

学员：是的。

拉：挡住路的只是那些账单，是吗？

学员：是的。

拉：因为你所做的是，你认为，你拥有一个金钱的愿景，拥有你的人生将会成为什么样子的愿景，对吗？

学员：是的。

拉：那现在观想那个愿景。它感觉怎么样？轻的还是重的？

学员：轻的。

拉：当你处于这轻盈之中时，你是否知道你将会支付你所有应付的账单？

学员：你能再说一遍吗？

拉：在这个轻盈之中，你是否知道，作为觉知，你将总是会支付你所有应付的账单？

学员：是的。

拉：你知道？你对此拥有绝对的觉知和确信？

学员：我不得不支付所有我欠的钱。

拉：不，不是你不得不，而是你会。

学员：啊，我想我会的。

拉：哦，有趣的观点。我想我会的。如果你在想的是你将会支付它，你是有意愿去支付呢，还是你在抗拒它？

学员：我在抗拒它。

拉：是的，你抗拒它。你抗拒付钱?抗拒的目的是什么?

学员：我说不上来。

拉:在你不愿意付账单之下，那个潜藏的观点会是什么?如果你有足够的钱，你会付清账单吗?

学员：是的。

拉：那么，你那个没有表达出来的潜藏观点是什么?

学员：我对金钱感到担忧，我不想付账单。

拉：你不会有足够的钱，对吗?

学员：是的。

拉：是的，这就是那个未表达的观点，这就是那个你无法面对、让你陷入麻烦的东西。因为这是一个你从中创造的地方，你从那个根本就没有足够的钱的观点来创造。所以，你将它创造为了实相，创造了没有足够的钱?

学员：是的。

拉：这是你想从中运作的地方吗?

学员：我不明白你在说什么。

拉：你喜欢从"不足够"来运作吗?

学员：是的。

拉：那么，选择"不足够"的价值是什么?

学员：没什么价值。

拉：一定有价值，不然你不会做出那个选择。

学员：我们难道不都有这样的恐惧吗？

拉：是的，你们全都有将会不足够的恐惧，你们也全都从肯定是将会不足够中运作，这就是为什么你们在寻找安全，寻找快乐，寻找家园，寻找未来，而在现实中，你们已经创造了你们曾经拥有的每一个木米。每一个过去，每一个现在，以及每一个未来都是由你创造的。你们干的无懈可击——把它创造的和你们想的一模一样。如果你认为"没有足够"，你正在创造着什么呢？

学员：不足够。

拉：正是如此，将不会有足够。现在，祝贺你们自己干的这么漂亮吧，你们完成了一份无懈可击无比美好的创造"不足够"的工作。祝贺你们，你们可真棒，你们这些了不起的光荣的创造者。

学员：什么都没创造出来。

拉：噢，现在，你们创造出了一些东西的呀，你们创造出了债务，不是吗？

学员：好吧，的确如此。

拉：你们很擅长创造债务，你们一直都很擅长创造"不足够"，一直都很擅长创造出足以让自己吃饱穿暖，是吧？所以在这部分的创造里你们干得非常漂亮。那么，你们没有从什么样的观点里进行创造呢？没有限制，没有限制。

学员：这难道不需要大量的练习吗？

拉：不，不需要练习。

学员：真的吗？我们就持续地做它就行了？

拉：是的，你们要做的全部就是**成为**"我是创造力"——你人生的愿景。你希望让自己的人生看起来是什么样子？如果你能以你选择的任何方式来创造它，它会成为什么？你会成为一个百万富翁还是一个街头流浪汉呢？

学员：百万富翁。

拉：你怎么知道做一个百万富翁比做一个乞丐更好呢？如果你是个百万富翁，可能会有人会过来偷走你所有的钱，如果你是个乞丐，没人会来偷你的钱。所以，你希望成为一名百万富翁？为了什么目的呢？你为什么会希望成为一名百万富翁呢?成为一名百万富翁的价值何在?看似是个好主意,但它仅仅看似是个好主意而已,对吧?

学员:是的,这是个好主意。

拉:这是个好主意,好吧。那让我们在这里来玩儿一玩儿。闭上你的眼睛,观想你的手里拿着一张百元美钞。现在把它撕成碎片然后扔掉。噢,好痛啊!

全班:(大笑)

拉:现在观想一千美元,把它们撕碎然后扔掉。这下更痛了,是吧?

学员:是的。

拉:现在,观想一万美元然后把它们烧掉,扔到壁炉里。有趣吧,把一万美元扔进壁炉里就没有那么难了,是吧?好的,现在把十万美元扔进壁炉里。现在再把一百万美元扔进壁炉里。现在把一千万美元扔进壁炉里。现在,成为一千万美元。在壁炉里的一千万美元和成为一千万美元之间有什么不同?

学员:感觉好多了。

拉:很好,那你们为什么总是要把你所有的钱都扔进壁炉里呢?

全班:(大笑)

拉:你们总是把你们的钱扔掉,你们也总是花钱来试图让自己变得快乐,或者作为一种努力生存下来的方式。你不容许你自己创造得如此多,以至于你感到你自己就是金钱,感到你愿意成为金钱。愿意成为金钱是成为一百万美元,或是成为一千万美元。成为它,它只是能量而已,它没有真正的重要性,除非你把它变得重要。如果你把它变得重要无比,你就把它变得沉重起来。如果它很重要,它就变得固化起来,然后你就让自己陷入其中。你自己世界的盒子的大小就是你依照来创造你的限制的参数。仅仅因为你的盒子大一些,并不意味着它不是一个盒子,它仍然是个盒子。你们明白了吗?

学员:明白了。

拉:你们喜欢这一点吗?

学员:是的。

拉：很好。

学员：这还是很难。（大笑）

拉：那这是一个有趣的观点，成为金钱很难，呃？

学员：是的。

拉：现在，看向这个观点。你在用这个观点创造着什么？

学员：我知道，我在限制着东西。

拉：是的，你把它变得困难、固化和真切。天，你在这一点上干得不错呀。祝贺你，你是一个了不起的光荣的创造者。

学员：那两个魔术词：我是。

拉：我是金钱，我是力量，我是创造力，我是控制，我是觉知。好的，还有谁有什么观点想得到更多解释的吗？

学员：你可以不用为钱工作而赚到钱？

拉：你可以不用为钱工作而赚到钱。这里有两个很有趣的限制。第一，你怎么挣钱，你在后院有个印钞厂吗？

学员：没有。

拉：然后不为钱工作，工作对于你是什么呢？

学员：付账用的支票。

拉：工作是付账用的支票？

学员：是的。

拉：那么你坐在家里，收集支票？

学员：不，我出去工作。

拉：不，对你来说工作是件你讨厌做的事。感觉"工作"这个词，感觉它。它感觉如何？它是轻盈、通透的吗？

学员：不。

拉：感觉像屎一样，呢？（大笑）工作，阅读你的水晶球是工作吗？

学员：不是。

拉：难怪你挣不到任何的钱呢。你不把你正在做的事情看为工作，是吗？

学员：我还不知道我到底在干嘛呢。

拉：有趣的观点。你怎么会在成为"我是觉知"的同时又不知道自己在做什么呢？这里的潜在假设是什么？你从中运作的那个潜在观点是什么？它是"我害怕"吗？

学员：不，我不明白。

拉：你不明白什么？如果你怀疑你的能力，你就没法收钱。是吗？

学员：不是我怀疑，是我不理解。我不知道我看到的是什么。

拉：好，那就放松你的头脑，连接你的指引者，并让水晶球来指引你。你在试图把它想通，并从你思考的角度把它弄明白。你不是一台思考的机器；你是通灵的。一个通灵的人什么也不做，只是在那里让所有影像出现，然后放松他们的头脑，并松开他们的嘴巴让一切流淌出来。你能做到这一点吗？

学员：是的，我这么做。

拉：而且当你让它发生时，你会做得非常好。只有当你把头脑放进这个等式时，你才创造无能。对你们来说不幸的部分是你们不相信自己知道的。你们没有意识到你们，作为你们所是的那个无限的存有，可以获取到宇宙里所有的知识。你们就是宇宙意识觉醒的管道。而实相则是，你们生活在恐惧之中……对成功的恐惧、对你的力量的恐惧，以及对你的能力的恐惧。还有，对你们每一个人来说，在你们的恐惧之下是愤怒，强烈的愤怒和狂暴。而你们在对谁暴怒？你们自己。你们在生自己的气，因为挑拣和选择成为你们所是的那个有限的存有，选择不以你所是的神圣力量的高度行走，却转而从你们身体的有限尺寸来运作，就仿佛你们的身体是那存在之躯壳。将你自己扩展开来，从那个有限中走出来，不害怕，不愤怒，以你伟大而又光荣的奇迹般的能力来创造。创造力是愿景。你有愿景吗？

学员：有的。

拉：知晓，作为觉知，知晓你确切无疑地是与你的力量相连接的。你有这份知晓吗？

学员：是旳。

拉：还有控制，你愿意将它移交给宇宙力量吗？

学员：如果我学会怎样移交的话。

拉：你不需要学会怎样，你必须成为"我是控制"。你无法拥有那些你视为在你之外的东西。"学会如何"是你创造无能的一个方式，你将时间的价值放置进你的成就计算当中，就仿佛时间真的有价值一般。你知晓未来会发生的每件事，你也知晓过去曾发生的每件事，就在当下。时间是不存在的，除了你创造的。如果你要移动你自己，你必须完全放下想搞清楚如何从 A 点到达 B 点——即"如果我学会"的需求，从而从"我是控制"之观点中来移动你自己。这就是从 A 点到 B 点。你在试图控制这过程，以及在从削减中控制自我的命运。你无法做到的。你们明白吗？

学员：明白。

拉：你愿意看看你的愤怒吗？

学员：愿意。

拉：那么就看着它。它感觉怎么样？

学员：错误。

拉：你在哪里感觉到的？身体的哪个部位？

学员：在我的胸口。

拉：现在把它拿起来，从你的胸口把它推出去，放在离胸口 3 英尺的前方。把它推出去。好，现在感觉怎么样？重还是轻？

学员：感觉不太重了。

拉：但它是在离你三英尺远，是吗？现在，你的愤怒，那是真的吗？

学员：真的。

拉：是吗？有趣的观点。它只是一个有趣的观点，不是一个实相。你创造了它，你是你所有情绪的创造者，你是你生命里一切的创造者，你是发生在你身上的一切的创造者。你在创造，如果你必须在这计算中加入时间的话，那就以十秒递增法来加入时间吧。好的，我们要在这里给你们一个选择。你只有十秒钟可活，或者你马上要被老虎吃掉。你选择什么？

学员：（没有回答）

拉：你的时间到了，你的生命结束了。你的生命只剩下最后的十秒，你选择什么？成为一个预言家还是不成为？你没选，你的生命结束了。你的生命只剩下最后的十秒，你选择什么？

学员：成为。

拉：好的，成为，选择某样东西。随着你的选择，你就在创造你的人生，所以选择成为你所是的灵媒，选择成为水晶球的阅读者，在十秒递增中。如果你现在要看向你的水晶球，你看向它然后在这十秒钟内看到一幅画面，你能回答它是什么吗？

学员：能。

拉：对的，你能。现在那段生命结束了，你还有十秒可活，你将要选择什么？那画面，还有水晶球还有对它的表述，还是不选择？

学员：画面和水晶球。

拉：很好，所以就选择它，每一次都这样选择。每十秒钟你都重新选择，重新选择，让你自己继续下去。你在十秒递增中创造你的生命。如果你是以十秒递增之外的任何东西当中来创造你的生命，你就是在从对未来的期待中创造，而那未来将永远不会到来；或者，你是在从基于你的经历的过往无力感中创造，在你维持着相同观念的同时，想着它将会创造出一些新的东西。有没有好奇你的生活为什么总是老样子？你没有选择任何新的东西，不是吗？你时时刻刻都在选择的是"我有的还不够，我不想去工作。"

现在，我们要向你们推荐几个你们得从你的词典里消除的词，有五个词语是你应当从你的词典中消除的。第一个：想要 (want)。**想要**有 27 个定义意指"缺乏"。你们数千年的英语语言里，**想要**是"缺乏"的意思。而你们还有很多世讲英语，而不仅仅是这一世。在这一世里，你们多少年在用**想要**这个词，就好像你们以为你们在创造着欲望？真相是，你们创造了什么?**想要**，缺乏；你们创造了缺乏。所以，你们是伟大而光荣的创造者，恭喜你们自己吧。

学员：（大笑）

拉：第二个：**需要**。什么是需要？

学员：缺乏。

拉：那是你知晓你无法拥有的无力感，你无法拥有你需要的任何一切。而紧跟着需要的总是贪婪，因为你总是试图获取。第三个：然后我们就来到了**试试**。**试试**是永远不达成，**试试**是不做出选择，**试试**是什么也不做。第四个：**为什么**。**为什么**始终是那三岔路口，而你将总是会回到原点。

学员：我没看出来啊。

拉：找时间听听一个两岁的孩子说什么，你就会明白了。

学员：（大笑）你永远得不到答案。

拉：第五个：**但是**。每当你说"但是"时，你就推翻了你前面那个陈述。"我想去，但我付不起钱。"好吧，不要成为需要。"我需要"就是在说"我没有"。"我想要"就是在说"我缺乏"。"我试试"就是在说"我不做。""我，但是"，那你最好拍拍自己的屁股，呃?下一个问题。

第三章

当你想到钱的时候，你有哪三种情绪？

拉斯普廷： 好了，哪位自愿回答下一个问题？

学员： 第三个吗？

拉： 是的，第三个。问题是什么？

学员： 你有哪三种与钱有关的情绪？

拉： 哪三种情绪，对。你有哪三种与钱有关的情绪？

学员： 嗯……

拉： 当你想到钱的时候的三种情绪。

学员： 第一个浮现出来的，我不是太喜欢，它是恐惧。

拉： 恐惧？好的。所以，什么假定的观点是你不得不有的呢，从而对钱拥有恐惧？

学员： 嗯，我有不同的解释，嗯，用不同的方式来解释它，我害怕没有钱，它……

拉： 是的。这就是为什么有这种情绪的原因，你害怕没有钱是因为基本的假定的是……

学员： 我需要钱。

拉： 写下来。

学员： 然后撕掉它。

拉： 写下来，然后撕掉它。

学员： 我要问你个可怕的问题。

拉：好吧。

学员：好的，我去到商店，我要从那里拿走什么，他们总还需要、想要我给回些什么吧。（笑）

拉：想要，想要，想要是什么？

学员：（笑）

拉：他们缺乏，没错，**想要**意味着缺乏。这是你必须消除的另一个肮脏的字眼。但你是为了什么去商店的呢？

学员：好吧，为了食物。

拉：好的，所以你去商店是为了食物，是什么让你认为自己**需要**吃呢？

学员：你开玩笑呢吧。嗯，我的确知道我**需要**吃。

拉：**需要**？再把它写下来。

学员：**想要**。

拉：写下来，然后也把它扔掉。**需要**和**想要**都不允许。

学员：但你是会饿的。

拉：真的吗？往你们的身体里拉能量，你们所有人，都注入能量。是的，你感觉饿吗？不。但你为什么不吃更多的能量而少吃点食物呢？

学员：这暂时会是非常棒的，因为我可以减点儿肥，但它会开始造成伤害的。（笑）

拉：的确如此。你从中获得足够的能量，你或许成了一个巨型气球。

学员：那来拜访我的朋友们怎么办？包括那两个正在我家里睡觉的朋友？

拉：谁说你需要给他们吃的？他们怎么就不能贡献于你呢？

学员：他们能。

拉：那恐惧是你将不会接收。那恐惧是钱只在单向地发挥作用，并且是远离于你。不论何时你感到恐惧，你就创造了**需要**和**贪婪**。

学员：好吧。

学员：**需要**真的来自恐惧吗，先生？

拉：是的，关于恐惧，恐惧带来**需要**和**贪婪**。

学员：真的吗？

拉：真的。

学员：天哪，你是对的。我想我刚刚意识到了另一件事，那是一个基础信念系统，或者说那真的不是件好事。

拉：接收不是件好事。

学员：拥有太多不是件好事。

拉：接收不是件好事。

学员：是的。或者，从别人那里接收。

拉：接收，句号。

学员：好的。

拉：从四面八方。好的。如果你处在恐惧中，你就不愿意接收，因为你认为你是一个无底洞，而你生活在一个又深又暗的洞里。恐惧一直是在你之内的那个洞穴，它是一个深不见底的地方。恐惧造就了你的需求、你的贪婪，而你在这过程中变成了一个混蛋。好了吗？

学员：好了。

拉：下一个情绪。

学员：渴望更多。

拉：欲望，啊哈，是的。噢，是的，那欲望——什么是欲望？是你走出去摇着屁股来得到更多吗？

学员：（大笑）我知道那不是最棒的。

拉：欲望意味着，自动地你就有"得到更多"。注意，得到更多，一种带着恐惧的不足感。

学员：你知道，不仅是要得到更多钱，而是……

拉：得到更多，句号。金钱与你正在体验的实相毫无关系。金钱是一个主题，你围绕它创造了一个虚无、不足、**想要、需求、欲望**和**贪婪**的实相。这对地球上的每个人都是一样的。这个世界就是由此运作的。

你们有很好的例子，在你们所谓的 80 年代，自你们决定的那一刻，你们所有人都决定了的，金钱是一种必需品，这已经成了这个世界的真相。一个必需品。什么是必需品呢？没有它你就无法生存下去。你们，作为存有，已经存活了数百万个生世，你甚至记不得你曾有过多少钱或花过多少钱或你是如何做到的。但是，你还在这里，你还在活着。而你们每个人都曾有能力对金钱了解更多。

不要从金钱是必需品的假设当中运作，它不是一个必需品，它是你的呼吸，它是你之所是，你完完全全的就是金钱。而当你感觉自己是钱而不是必需品时，不是必需品，你就是扩展的。当你感觉自己是必需品，在涉及到钱时，你就缩减自己，你就阻止了能量和金钱的流动。你的第三种情绪是什么？

学员：快乐。

拉：哈！说一下，在哪方面快乐呢？你花钱时，就快乐；当你口袋里有钱时，就快乐；当你知道要来钱了，就快乐，因为它是钱就快乐吗？你能看一眼一元美钞就拥有快乐吗？

学员：不能。

拉：钱的哪部分给你带来快乐呢？

学员：知道某些事能被完成或做成。

拉：也就是说钱买来快乐了？

学员：哦，我用错了词，嗯……

拉：快乐是如何来自金钱的呢？

学员：它根本不必来自于它。

拉：那你怎么觉得快乐与金钱有关呢？当你有足够钱的时候？当你有许多钱的时候？还是当你感觉安全的时候？

学员：对，是安全。

拉：安全。有趣的观点。

学员：但安全感这种东西是不存在的。

拉：嗯，有的。安全感是存在的。安全感存在于知晓及拥有对自我的觉察中。这是唯一的安全感，你能确保的唯一的安全感就是你将度过此生，还有你将离开这个身体，以及如果你想，你会有机会再回来并再次努力成为这世界上一个更加丰盛的创造物。然而，快乐是在你之内的，你拥有快乐，你就是快乐，你不是通过金钱获得快乐。要变得快乐，变得快乐就可以了，仅此而已。而且除了当你选择悲伤的时候，你都是快乐的，对吗？

学员：对的。

拉：其他人还有什么情绪想要谈谈的吗？

学员：嗯，我，我想就恐惧多谈一点。

拉：好的。

学员：因为我花了巨大的能量在恐惧的情绪上。

拉：嗯。

学员：而在恐惧背后，在恐惧之下，总是愤怒。

拉：是的，的确如此。那你真正为何生气呢？你生谁的气呢？

学员：我自己。

拉：正是如此。还有你对什么生气呢？

学员：感到空虚。

拉：无法用上你的力量。

学员：嗯，是的。

拉：没有完全成为你，是这种感觉吗？

学员：非常正确。

拉：感受一下，在你的身体之内，你的恐惧和愤怒在哪里？

学员：好。

拉：现在把它朝另一个方向转出。现在感觉怎么样？

学员：减轻了。

拉：是了，这就是你如何摆脱恐惧和愤怒来为你带来空间。因为，如果你看向你自己，在你的宇宙中根本就没有恐惧，不是吗？

学员：没有。

拉：而你唯一能表达的愤怒，是冲着他人，因为你真正生的是自己的气，还有你拒绝了完全接纳你真正的能量。所以，你能成为本来如是的力量和能量吗？放下愤怒吧，别再抓着它不放。来，就像那样，咻，放松了，是吧？

学员：是的。

拉：现在，你必须练习这个，好吗？

学员：好

拉：因为你和这里的其他人一样，数十亿年来，一直不断地削弱减你自己，不成为自我，不成为力量。你们以此来压制自己的愤怒。有趣吧？对自己的愤怒。你们无一不在因为没有让自己完全成为你所是的力量而生自己的气的。嗯，这个炸出了一些东西。好了，其他人还想谈谈情绪吗？

学员：我还想再谈谈恐惧，从我的观点谈。当我陷入恐惧时，那是一种收缩，一种关闭。

拉：你是在哪个部分感觉到的？

学员：在我的太阳神经丛。

拉：好，把它转出来，转出来，来，就像那样，现在感觉怎么样？

学员：想流泪。

拉：好，眼泪的背后是什么？

学员：愤怒。

拉：愤怒。是，因为你已经在那儿打了结，你把它很好地隐藏了起来，对吗？你想想。好，不要让愤怒出来，完全不让它出来。感受那愤怒，让它离开你。是的，就在那，就是它。现在，留意那份差别和扩展，你感觉到了吗？

学员：是的，感觉好极了。

拉：是的，感觉非常好。这是你的真相，你正在从在你的身体之外、根本无法被连接到这个地方来进行扩展。感觉一下，当你让愤怒离开，那完完全全地连结到自己的实相，不是作为某种灵性本体，而是作为自我的真相。当你依真相来进行时，就有一份平静与和平降临在你身上。让它完完全全地出来。像那样，那儿。

学员：我这么做，明白了。

拉：你感觉一下，那是信任你是谁，那是力量。其他的感觉就是消除了信任。

学员：那就像，感觉就像进入自己。

拉：的确如此。完全的连结，完全的意识，完全的觉知和控制。在这里，控制有何感觉呢？

学员：感觉与其他的控制有非常大的不同。

拉：是，其他的是试图控制你的愤怒，对吗？

学员：对，我想是这样。

拉：对，根本上是你在试图控制你的愤怒，因为真相是你不允许自己发光发亮。内在是和平、平静和宏伟，但你把它藏在愤怒下面让它见鬼去了。既然你认为自己的愤怒不正当，你就消减了自己。你试图控制它，而你试图控制它，也试图控制周围的一切，这样你就可以把自己隐藏起来了。你所愤怒的是自己。与自己和解吧。那样，就那样，你感觉到它了吗？

学员：是的。

拉：是，就这样，这就是你。感觉你的能量在扩展。

学员：哦，太不同了。

拉：绝对不同。是的，就是它，生机勃勃、变化不止的你，才是你真正所是。

好了。

学员：而那是黑暗的，我认为我可以对它有所控制，而我……

拉：好吧。

学员：我也知道，在这一点上，我对它有些失去控制了。

拉：那你在哪儿感到黑暗？

学员：我好像认为是我进入黑暗而不是黑暗进入了我，我不太确定。

拉：你在哪儿感觉到它？在你以外，还是在你里面？闭上眼睛，感受那黑暗。你在哪儿感觉到它？

学员：我想是在我的下胃部，然后，我被它吞没了。

拉：好。那么，你认为你如何来感觉？它在你的头脑里……

学员：好吧。

拉：你正在经验黑暗吗？而那是什么？是没有任何感觉，除了与钱联系在一起的黑暗。而不知何故，黑暗必定与魔鬼有关，所以呢，接收黑暗绝对是不被允许的。好了，你感觉到它转换了吗？扭转它，没错。把它转为白色的，对了，感觉你的顶轮打开，是的，现在，你所说的黑暗就能从那里流出去了。而这就是你当下的实相。留意你的能量上的变化。你已经放下了那个想法，放下了把邪恶的情绪当作实相，因为它不是实相。它只是一个有趣的观点。可以了吗？还有其他的情绪吗？

学员：我认为我的跟钱有关的主导性情绪是矛盾心态。

拉：矛盾心态？好，矛盾心态。什么是矛盾心态？你在哪儿感觉到它的？

学员：我在我的太阳神经丛和下面几个脉轮感觉到它。

拉：是的，矛盾心态与没有觉察到这个星球有关，是一种金钱属于某个你并不理解的东西的感觉。你感到较低脉轮的那个转变了吗？

学员：是的。

拉：这就是与你就是觉知的事实连结的结果，而作为觉知，你是金钱，作为觉知，你也是力量，和所有脉轮都连结在一起的能量，这才是你。好了，对你来说，矛盾心态还存在吗？

学员：不存在了。

拉：很棒。好了，还有其他情绪吗？

学员：我有一个。

拉：你说。

学员：我感觉到厌恶和羞耻。

拉：非常好的情绪，厌恶和羞耻。你在哪儿感觉到它？

学员：我想我感觉它在……

拉：你思考你的感觉吗？

学员：不，在我的胃和肺。

拉：在你的胃和肺。那么，对你而言，钱是呼吸和吃？羞耻，把它倒出来，把它从你的胃里倒出来。没错，你感觉到它了，你感觉到你的胃部脉轮的能量在打开了吗？

学员：是的。

拉：好。你的另一种情绪是什么？

学员：厌恶。

拉：厌恶。在你的肺部。厌恶是因为这意味着你必须令自己窒息来得到它，以你的观点，你必须得压制你自己来得到钱。是实相吗？

学员：是。

拉：是吗？

学员：不、不、不是。

拉：那就好。

学员：我把它当作真的了……

拉：你是如何运作的？

学员：好。

拉：好吧。来吸入并呼出所有这一切。好的，现在吸入钱，好的，呼出羞耻，从你身体的每个毛孔吸入钱，呼出厌恶。好了，现在有什么感觉？自由一些了？

学员：是的。

拉：好。其他人还想谈谈情绪吗？

学员：恐惧。

拉：恐惧，其他的情绪是什么？

学员：焦虑和安慰。

拉：钱带给你安慰？

学员：是的。

拉：什么时候？

学员：当它到了我手里的时候。

拉：嗯，有趣的观点。焦虑和恐惧，我们先处理这些吧，因为它们是同一个东西。你在哪儿感到恐惧和焦虑？在你身体的哪个部位？

学员：我的胃。

拉：胃。好，把它从你的胃里推出去，推到你前面三英尺远，对你来说它像什么？

学员：黏的，绿色的。

拉：黏的？

学员：是。

拉：好，它是黏的和绿色的，这是什么原因呢？

学员：因为我无法控制它。

拉：啊，有趣的观点。没了控制。你看你没有在成为"我是控制"了，是吗？

你在对自己说，"我无法控制了，我失去掌控了。"这是你从中运作的潜在假设。"我失去掌控了，我不是控制了。"于是，你就非常好地创造了恐惧和焦虑。

学员：是的。

拉：好呀，你是一个伟大光荣的创造者，干得漂亮！你庆祝过自己的创造力吗？

学员：带着羞愧，是呀。

拉：啊！有趣的观点。为什么带着羞愧？

学员：因为我不知道更好的。

拉：是呀，但跟你知不知道更好的没关系呀。关键是你现在理解了你是创造者，而你已表明你创造的活儿干的非常漂亮，这意味着你能做不同的选择，而你可以创造一个完全不同的结果。

学员：需要戒律。

拉：戒律？不需要。

学员：带着运气。

拉：不，带着力量！你是作为力量的能量。"我是力量，我是觉知，我是创造力，我是控制，我是金钱。"好吗？这才是你如何创造改变的——通过成为你现在所是的"我是"，而不是你曾经所是的"我是"。开始看看你围绕着金钱创造过的坚固的观点吧，看看它感觉是怎样的。当你感觉到它嵌入了你身体的某个部位，就把它推出去，并且问自己："是什么样的潜在观点，我根据它来运作却还未看见的？"并允许自己得到答案。然后，不管怎么样，允许这个答案终究就是个有趣的观点。

那我现在可以选择什么呢？我选择"我是创造力，我是觉知，我是控制，我是力量，我是金钱。"如果你创造了"我不是"，如果你创造了"我无法"，你就将不能够是。还有，庆祝你自己已经创造出来的一切，并带着伟大光荣的兴致来庆祝。你已经创造的没有什么错，就带着伟大光荣的兴致做吧。你已经创造的没有什么错，除非你自己对它有评判。如果你曾经是一个露宿街头的拾荒女，那是比你当前拥有的更好还是更差的创造呢？

学员：更糟了。

拉：有趣的观点。

学员：假如你并不知道的话。

拉：对了，假如你并不知道的话。现在，你知道了，你有选择，你可以创造。现在，如果你的隔壁邻居告诉你，你这周领不到工资了，因为"我要花你所有的钱修你弄坏的栅栏"，会发生什么？

学员：一个有趣的观点。

拉：千真万确，这是个有趣的观点。就是这样。如果你对它有抗拒或对它有反应，你就固定住了这个观点，然后，你的邻居就会花那笔钱。

学员：这么说，你是在告诉我们，当某人提出负面观点时……

拉：对于任何有关金钱的观点。

学员：好吧，这是个有趣的观点。

拉：是，当你这么做时感受你的能量。

学员：好的，然后进入那几个"我是"？

拉：对。

学员：明白了。灯亮了。

拉：而当你感觉对你的身体有影响时，一个特定的观点，某种焦虑或恐惧，这是怎么一回事儿呢？

学员：那是你必须把它拿出来，推出去的。

拉：是的。当你在你的胃部感觉到焦虑或恐惧时，你在谈论不要喂太多吗？

学员：没有。

拉：你谈到过被滋养吗？那你在谈什么？身体是你在谈论的。你觉得金钱就像你身体的功能，似乎它是第三次元的实相。金钱是第三次元的实相吗？

学员：不是。

拉：不，它不是。然而你试图让它是。看看你对金钱的观点，它是安全感、是房子、是账单、是食物、是住所、是衣服，那是真的吗？

学员：是呀，那是你用钱买来的。

拉：那是你用钱买来的，但却是你选择这么做的，不是吗？

学员：哦，必需品。

拉：这是你在那十秒内选择的。必需品，哈？有趣的观点。你会选择你穿的衣服是必需品吗？

学员：会。

拉：你会？

学员：是的，我会。

拉：你不是因为它们漂亮或是因为它们让你看起来好看才选它们的吗？

学员：很多时间，衣服让我暖和。

拉：那夏天怎样呢，当你穿件比基尼的时候？

学员：好问题！我看着好看呀。（大笑）

拉：对了，所以你做选择，不是必需品，但你希望感觉是，对吗？感觉？

学员：是的，但是，你需要呀……

拉：但是！把这个字眼扔一边去。

学员：呀！（大笑）你得穿鞋吧，而且你总得穿着……

拉：你怎样穿上鞋的？你可以光脚走路呀。

学员：也许我能，但是……

拉：保证你能。

学员：我需要它们，外边冷。

拉：需要，哈？

学员：内衣和袜子……

拉：需要，哈？

学员：你必需要有的。

拉：谁说的？你怎么知道你不能跟你的身体说话并请它来让你更暖和？

学员：那……

拉：你，作为一个存有，甚至不需要身体？

学员：哦，那会很酷的。

拉：说得好。

全班：（大笑）

拉：是吗？

学员：嗯，你必须得有食物，穿鞋子。

拉：我们不穿任何衣物。加利穿鞋，是因为他是个懦夫，不穿鞋他就不能在雪地上行走。

全班：（大笑）

拉：他认为天气冷。

学员：本来就冷。

拉：好吧，这是个有趣的观点。如果你想要冷，应该去西伯利亚试试。

学员：那你的孩子们呢？他们饿了的时候？

拉：有多少次你让你的孩子饿着了？

学员：有几次。

拉：他们饿了多长时间？

学员：一宿。

拉：那你做了什么？

学员：从我父亲那儿得到了钱。

拉：你创造的，不是吗？

学员：是的。

拉：你庆祝过自己的创造力吗？

学员：嗯，我感谢过我父亲。

拉：嗯，这是一种创造方式。创造，创造力，是成为对自我的觉知。成为"我是创造力"，成为"我是觉知"，成为"我是力量"，成为"我是控制"，成为"我是金钱。"你正在抗拒；"**但是**"，"**需要**"，"**为什么**"，"**你必须**"，"**这是个必需品**"全都是"**我无法拥有**"和"**我不值得**"的观点。它们是你从中运作的潜在之处。正是这些观点在创造着你的人生。你希望从这些地方来创造吗？

学员：嗯，我能从每个面向看到这一点，除了金钱。

拉：是的，除了金钱，因为你把金钱看作了不同的东西，你把金钱看作了什么——万恶之源吗？

学员：是的。

拉：这是谁的观点？事实上，它不是你的观点，它是你买来的一个观点。魔鬼让我干这个的，哈？你看，你正在把它创造为一个不同的实相，而不是你的创造力的一部分。

学员：所以如果你对自己说所有的"我是……"，就会把钱装进我的口袋里了？

拉：钱会开始进入你的口袋。每当你怀疑时，你就会蚕食你正在创造的基础。我们这么说吧，你曾说过多少次"我想要钱"？

学员：每天都这么说。

拉：每天都这么说。我想要钱。你正在说："我缺钱。"你创造了什么？

学员：但这是真的。

拉：这是真的？不，这只是一个有趣的观点。你恰恰创造了你所说的：我缺钱。而你是无意识这样做的，但你的确创造了它。

学员：好吧，那如果我想中彩票呢？

拉：如果你"缺少"中彩票，那就是你恰恰会创造的——缺少彩票的中奖。

学员：感知的力量是我们现在所说的。

拉：你的话语、你的觉知的力量，创造你的世界的实相。你想做个简单的练习吗?说"我不想要钱。"

学员：我们能选别的什么吗?

拉：说"我不想要钱。"

学员：我不想要钱。

拉：说"我不想要钱。"

学员：我不想要钱。

拉：说"我不想要钱。"

学员：我不想要钱。

拉：说"我不想要钱。"

学员：我不想要钱。对我说来，这话听起来是负面的。

拉：真的吗?"我不缺钱"是负面的?

学员：可是，我们的确想要钱呀。

拉：你不想要钱!

拉：这是对的。"我不想要钱。"感觉它的能量，感觉你说"我不想要钱"的时候有何感受。**想要**意味着缺乏，你一直在试图把持那个定义。我是钱。你无法成为"我有钱"，你无法拥有你没有在成为的东西。你已经在成为"我缺钱"的创造力了，所以你创造了大量的匮乏，不是吗?

学员：是的。

拉：好，那么你现在能说"我不想要钱"了吗?

学员：我不想要钱（重复很多遍）。

拉：现在，感受你的能量，你变轻了。感觉到了吗?

学员：是的，我晕晕的。

拉：你晕是因为你已经创造了的东西是对实相结构的一种瓦解，当你创造了它的时候。你们全都有这个；对你自己说然后感受当你说"我不想要钱"时，你变得更加轻盈以及你在生命中获得更多的欢笑。

学员：我可以说"我是富有的"吗？

拉：不！！什么是富有？

学员：快乐。

拉：真的吗？你认为唐纳德·特朗普是快乐的？

学员：不，不是金钱富有。

学员：哦，就像是钱控制我们要做什么。

拉：这是个有趣的观点，你从哪儿得到的这个观点？

学员：因为……

拉：你从哪儿得到的这个观点？

学员：我有这个想法是通过思考……

拉：看吧，它是那个思考的东西，你有麻烦了。（大笑）它感觉起来好吗？

学员：不好。

拉：不，感觉不好，它不是真的。如果你说"我是富有的"，感觉好吗？

学员：会感觉好的。

拉：哦，有趣的观点——会感觉好的？你怎么知道？你富有过吗？

学员：嗯，我曾有钱来着当我……

拉：你富有过吗？

学员：没有。

拉：没有。你能变得富有吗？

学员：能。

拉：真的吗？当你只能说"如果我曾"时，你怎么能变得富有呢？你看，你在看向那个未来，然后带着对它的期待以及它应当成为的样子，而不是它的本然。

学员：它，它就像你有个会付你钱的老板，而你必须照他说的做，并且你必须……

拉：你有一个在付你钱的老板吗？

拉：现在还没有，但是……

拉：这不是真的，你有一个在付你钱的老板，而她只付你微薄的薪水，因为对她能做的事情她没有拿任何的钱。你就是这样，亲爱的！你是你的老板。创造你的事业，创造你的人生，并容许它来到你。你流连在衣橱边喃喃自语说"我做不到，我做不到，我做不到。"谁在创造那个观点？如果你说"我做得到并且我明白"而不是"我不行，我不明白"，那会怎样？你的能量会发生什么变化？感觉你的能量。

学员：我就卡在这个点上了，孩子没有钱就没饭吃。

拉：谁说你会没有钱？是你说的，你假定了除非你做一些你讨厌的事，否则你不会有钱。你有多经常把工作当作好玩儿的事儿？

学员：从没有过。

拉：这就是那个观点；这就是那个潜在的观点。然而，你说，我的工作是用水晶球占卜。你从不把你自己看作是在享受乐趣的。你热爱你做的事情吗？

学员：是的。

拉：那你怎么会，如果你做你热爱的事情，你无法容许你自己接收呢？

学员：我还不太清楚；我需要更多信息。

拉：你不需要更多信息；你有十万世做水晶球预言家的信息，任你使用。现在，你对学习有什么要说的吗？除了，哦，大粪？

全班：（大笑）

拉：被逮到了吧，被逮到了吧，你没有任何地方可躲了。

学员：所以，我阅读从水晶球里看到的，而读的不对，我感觉自己是个蠢蛋。

拉：是的。（大笑）你怎么知道你读的会不对？

学员：嗯……

拉：嗯？

学员：我不知道。

拉：那他们会再回来吗？

学员：我不知道。

拉：当你为下一个人读水晶球然后你读对了时，他们还会再回来吗？

学员：会的，我不得不说会的。

拉：那么，你怎么说你还不知道呢？你在对谁撒谎？

学员：什么？

拉：你在对谁撒谎？

学员：是，是……

拉：你在对谁撒谎？你在对谁撒谎？

学员：我向你发誓，我不知道我看见的是什么。

拉：那不是真的，那不是真的。你是如何有回头客认为……？

学员：我读对了。

拉：是的，你读对了。是什么让你认为你总是读的不对？你有多少顾客是不会再回来找你的？

学员：一个都没有。

拉：天，这就很难搞了，她需要很多的说服，不是吗？她铁了心要确保她的人生中没有钱，没有丰盛，没有富裕。你有个多么有趣的老板啊。你不仅没给自己优厚工资，你甚至都没认可你自己拥有足够的生意。因此，为了知道你做得有多么棒，你创造了一次又一次的回头客。你知道要有多少顾客，处于增长中的，来为你的人生带来丰盛吗？

学员：可能每周有 30 多人。

拉：好，那你能容许每周有 30 多个人进入你的空间吗？

学员：能，没问题。

拉：没问题吗？

学员：没问题。

拉：你确定？

学员：是的，我对此很确信。

拉：好，那你能容许你自己拥有十万美元、百万美元吗？

学员：能。

拉：千万美元？

学员：能。

拉：好的。你现在有些转变了，非常感谢你，我们都很赞赏。你是一个创造者，一个伟大而荣耀的创造者。每次你完成了你喜爱的水晶球解读都庆祝你自己一下。并从爱出发来工作，不是干活儿，变得好玩。你在所做的事情中获得乐趣，你不是在干活儿。干活儿感觉像狗屎，好玩儿就是好玩儿，而且你可以永远做它。你如是地创造，不是其他任何一个人。你可以从打气中获得乐趣，你可以从擦窗户中获得乐趣，你可以清洁卫生间并从中获得乐趣。而你将因此得到报酬，你将拥有伟大而荣耀的富裕。但是，唯有当你带着乐趣做才可以。如果你把它看成是个活计，你就把它创造为你所憎恨的什么东西了。因为这就是这个地球所关于的：工作是遭罪、困难和痛苦。有趣的观点吧？

学员：假若你不知道你想要做什么，那会怎样？

拉：但是你知道。

学员：我知道，但是之前，我在连通它之前我是不知道的。

拉：你是如何连通水晶球能量的？你容许你自己连结到直觉和洞见，然后你请求宇宙来匹配你的愿景并给予你渴望的东西。你创造过，作为愿景，你拥有你存有的力量，和知晓；作为觉知，你确定它会发生以及那份控制来让宇宙将之提供给你。所以，你已经，有了那四个要素来成为"我是金钱"。明白了吗？

第四章

金钱对你来说感觉是怎样的？

拉斯普廷：好，下一个问题，哪位愿意主动回答下一个问题？

学员：我愿意。

拉：好的。下一个问题是什么？

学员：对你来说，金钱感觉是怎样的？

拉：它感觉是怎样的，是的，正确。

学员：这跟你对金钱感受到的情绪是不同的吧？

拉：嗯，未必。

学员：我来说，"哦，太棒了。"

拉：那么，对你来说，金钱感觉是怎样的？

学员：现在它感觉很迷惑。

拉：感觉迷惑。你感觉金钱，那个迷惑，是一种情绪吗？

学员：一种情绪和一种想法。

拉：是一种头脑的状态，对吧？

学员：是的。

拉：那么，记得我们谈过的头晕的感觉吗？

学员：记得。

拉：你有打开你的顶轮并让它出去了吗？迷惑是一个被创造出来的金钱意象。什么假定是你不得不拥有的来让你有迷惑呢？你必须假定你不知道。那个假定会是"我不知道，而我应该知道。"

学员：这就是我感到迷惑的原因。

拉：这就对了。我不知道，我应该知道。这些对立的观点创造了迷惑，而他们只不过是些有趣的观点而已。当你说它们每一个都是有趣的观点时，感受到那转变了吗？我应该知道，我不知道。有趣的观点，我不知道。有趣的观点，我应该知道。有趣的观点，我不知道。有趣的观点，我应该知道。现在，那迷惑感觉如何？

学员：嗯，除了事实是我……

拉：当然。

学员：对我而言，就在此时，从我的视角看，金钱、能量、力量和创造性感觉上似乎非常不真实；当我不面对金钱时，纯粹地看它们，又似乎非常清晰，那时我不必非有钱。

拉：你是从什么假定中运作的呢？

学员：有一些没有理解的实相。

拉：的确如此。

学员：这是真正的问题。

拉：这不是问题，这是你从中运作的那个假定，它自动地对你说，那不同于你的实相。你的假定是物质实相不同于精神实相，不同于你真正所是之人的实相。那个纯粹性在这个星球并不存在，你永远无法将那个纯粹性带到这个星球上。

学员：是的。

拉：那些都是假设。你从那些错误的信息中创造出了你的实相。

学员：嗯，还有这个事实也带来迷惑——似乎存在着拥有不同实相的其他存有，而其他人貌似并没什么迷惑，看起来。人们自己，其他人的观点，在我的街上的人，在商店里的人 ……

拉：而那与什么有关，你在谈的那个？存在着其他的实相吗？其他人有不同的实相?是的，有一些 ......

学员：从一个不同的观点看，而那……

拉：有谁不认同她刚才所说的吗?他们全都和你有相同的观点。

学员：你的意思是说，他们全都迷惑?

拉：是的，他们都认为你无法把精神世界带进物质世界，整条街的人都有完全相同的观点。而只有那些不买入这些观点的人，那些不假定那是绝对不可能的人，才有能力创造，但即使是他们也只能以很小的方式创造他们的实相。

如果你把你的人生聚焦在赚钱上，然后你人生中唯一的目标就是成做唐纳德·特朗普 (Donald Trump)、比尔·盖茨，无所谓谁，都是同样的意象;同样的人，不同的身体，同样的人。他们的人生是关于赚钱的，他们做的一切都是关于钱。为什么他们必须赚那么多钱?因为，就像你一样，他们确信他们下一周就会用完所有的钱。

学员：这对他们来说不是一场游戏吗?

拉：不，对他们来说，那可不只是场游戏，他们从没有足够多的钱的观点出发来运作，然后他们将永远都不够，无论他们做什么。只是不同标准而已，就是这样。

学员：你是说这些人都没从他们的财富中感觉到某种自由吗?

拉：你认为唐纳德·特朗普有自由吗?

学员：在某些程度上，我认为有。

拉：真的吗?他有能力开一辆豪车，这给他带来了自由还是说，这意味着他不得不有保安来保护他的安全，从而免受那些在他周围试图从他那里得到钱的人的危害?有 27 个每天想方设法要从他那里得到钱的人，给他带来了自由吗?

学员：带来了自由的幻觉。

拉:不是，给你带来了这是自由的幻觉。你只认为那是自由，因为你没有它。他不比你更自由，他只是有更多钱来花在他不需要的东西上。你认为因为他有更多钱就让他成为一个更大的灵魂?

学员：不，当然不。

拉：那让他成为一个更小的灵魂？

学员：不。

拉：哦，你们这些家伙的有趣观点（大笑）。你们都在想，你只是没有胆量说出来，"好吧，这让他更糟，因为他有更多的钱。"

学员：对，你说对了。

拉：是的，这就是你们在想的，你们没说出口，但你们有这么想。

学员：是，有钱让一些人控制他身边的一切。

拉：真的？是的，他在控制，他在控制太阳、月亮、星星，他对这些东西尽在掌控。

学员：但控制人不是……

拉：哦，控制人，所以这是你对伟大设立的标准。

学员：这不是我的标准，不、不、不，这不是我的标准。我们在谈论盖茨和他的并购，以及特朗普和他的并购，来确定他的控制。

拉：他在成为控制吗，真相？

学员：不，我……

拉：还是他被他对金钱的需求控制了？他的生活完全被制造更多更多更多更多钱的必需性框住了。因为那是他感到充足的唯一方式。

学员：但是我也认为他，那些他散发出的能量来吸引……

拉：好吧，你又用了一个词，是你个人要放进你的清除词典里的。

学员：什么？

拉："但是"。

学员：但是？

拉：但是。每次有人告诉你什么东西，你就从"屁股（但是）"中出来（大笑）。

学员：这是真的，对于……。

拉：这对你们中的很多人，对你们大多数人来说都是真的，当有人给你一条信息，你就立即开始创造一个与之相反的观点，因为它没有认同或附和于你。因为它没有同或附和，因为是你这边的抗拒让它变得如此，或者是因为你处于对它的反应之中。毕竟，这个人被金钱所操纵只是个有趣的观点。

学员：这就是我想说的，但我……

拉：不，你还另有观点，也是一个有趣的观点，不过如此。

学员：是，我在学习它。

拉：它没有任何价值。每次你创造了一个关于金钱的考量，你就给你自己创造了一个限制，给你自己！而每当你告诉另外某个人你的观点是什么时，你就给他们创造了一个限制。你希望创造自由吗？那就成为自由吧。自由根本不用考量！！

如果你轻松、喜悦而充满荣耀地显化全部的生命，完全没有对限制的考量，这个世界会是什么景象？如果你有无限的念头、无限的能力和无限的容许，世界上还会有乱七八糟的涂鸦、无家可归的人，还会有战争、灾难和暴风雪吗？

学员：那么，有何不同呢，难道不会有天气了吗？

拉：如果你没有任何关于暴风雪的考量，那就会存在天气，不是非有暴风雪不可。你收看电视，当临近风雪降临的时候，是的，他们显示有场雪了，他们开始谈论将有一场多么大的风雪。1996 年有大风暴，1996 年第二次风暴，即将有一场强风暴，将会有破坏力，你们最好立刻去商店买多一些物资做好准备。你们有多少人买入了这个观点并开始由此创造你的生活的？

学员：不是购物，我会花一个下午在公园里。

拉：你买入了这个观点，这是我们在讨论的。你立即决定那是真的。不要听信电视里说的，扔掉电视。或者只看那些完全不用脑的节目。（大笑）看《史酷比》。（大笑）看卡通片，它们的观点更有趣。你听新闻，就会非常郁闷，然后你就会有很多关于钱是什么的想法。好了，我们到哪儿了？好，让我们回来。迷惑，你们现在理解迷惑了吗？

学员：没有。

拉：好的。你们在这里希望更多地理解什么呢?你们在创造迷惑。

学员：我是谁?我是一个身体吗?你在这里吗?这里还有别人吗?

存在实相吗?有什么不同?存在到底是什么?你，或者万事万物，都是纯粹的能量吗?并且在精神、灵魂和意识之间没有分离，一切即是，就是它，就是它，就是它?对于任何事物都没有什么要说的，那一切苦难、一切不幸、一切幻觉、一切分离，以及一切迷惑，嗯，是什么呢?是什么?

拉：是创造。

学员：对。

拉：你创造了……

学员：所以在这个层面上，我们创造了一些事物，那是人类作为一个创造物，而这个自我也是一个创造物，考虑到有些东西叫作钱和位置——它也是一个创造物，意思是说，如果我们在华尔街，或者我们在进行着 1996 年美国纽约市的历史，那么我们就在认同你和这些其他人是一起共同存在的。我不理解这一点。

拉：为什么你不理解?

学员：每个人都是你，你是每个人。

学员：这一点 …… 我不理解。

拉：你在把自己创造成分离，你在把自己创造成不同，你在把自己创造成衰竭，你在把自己创造成愤怒。

学员：我如此受挫。

拉：是的，但在这之下其实是愤怒。

学员：哦，是的。

拉：因为你感到无力，这是你从中运作的基本假设，而它也总是迷惑的基本假设。每个迷惑都基于你没有力量以及你没有能力的想法。

学员：但我不是。

拉：你是。

学员：我感觉我不是。

拉：看看你的生活，看看你的生活，你都创造了什么。你是从巨额财富开始的吗？你是从拥有一个宫殿开始，然后完全失去了它吗？还是你创造又创造，然后对你所创造的陷入了迷茫、怀疑和无力里，不知道如何控制它，然后它开始背离你，因为你在创造迷惑、你在创造自我怀疑？

是的，这就是你生命的走向，但这些都不是真正的你。你，作为一个存有，有全然的力量创造你的人生，你可以并且将会，而这也会以一个比你能想象的更加华美的方式来到。但它将来自于你的信念，而这是给你们所有人的。对你自己有信心，相信于知晓你创造了当前存在的这个实相，也相信于你愿意改变它的觉知。你再也不想成为那个实相了。这就是你需要的全部——愿意让它变得不同。

学员：所以如果生命改变的话，那意味着它是创造更多波西尼亚人和无家可归之人的混乱意识吗？意识去哪儿了，我或许已经创造出来的那些黑暗的灵体们去哪儿了，或者我的其他某些部分——它们和我在电视上看到的或是无家可归之人的观点如此分离，那都去哪儿了如果我说，"哦，这不是我的实相，我不相信它，我再也不选择它了"。

拉：这是无关的，你看你是在从抗拒中这么做。

学员：对。

拉：对？为了让改变发生，你必须在容许中运作，而非抗拒，而非反应，而非附和或认同。容许是……

学员：我愿意容许它，我只是想要理解在……

拉：你在抗拒中运作是因为你在试图从某些并不真实存在的事物中理解。其他人，以他们自己的自由意志和选择，也在从某些并不存在的事物中创造着，一个接受、附和或认同、反应或抗拒的延续。

这些都是你们的世界的运作要素；而你，为了改变它，必须在容许中运作。每次你处于容许当中时，你就改变了你周围的一切。每当有人带着一些强烈的观点来到你，你可以说，"哈，有趣的观点"，并且处于对它的容许之中，你就转变了世界的意识，因为你没有买入它，你没有把它变得固化，你没有进入对它的认同当中，你没有抗拒它，你没有对它做出反应，你没有把它变成实相。你容许了实相的转变和改变。只有容许创造改变。你必须容许你自己如你容许别人那样多，否则你就买下了那个商店然后你是在用你的信用卡为它付账。

学员：这样，世界就变得天下太平了？

拉：当然不会。让我们来做这个，你们所有人都思考这个一分钟。但是，S学员，你来当这儿的豚鼠，好吗?好了。你只剩下十秒钟来度过余生，你将选择什么?你的生命到头了；你没做出选择。你有十秒钟来度过余生，你作何选择?

学员：我选择不选择。

拉：你选择不选择，但是你看，你可以选择任何的东西。如果你开始认识到你只有十秒钟来从中创造，十秒就是创造实相所要花的全部时间。十秒，比你信任的还短，但是从现在起，你必须从十秒递增中开始运作。如果你从十秒当中运作，你会选择喜悦还是悲伤?

学员：我会不得不选择悲伤。

拉：的确如此。你看，你已经从对悲伤的选择中创造了你的实相。而当你从过去选择，或是从对未来的期待中选择时，你就根本没做任何的选择，你没在活着，你也没在活你的人生，你只是作为一座纪念碑式的庞大限制而存在着。有趣的观点，哈?

学员：是的。

拉：好了，你们下一个回答是什么?在你的清单上的第二点是……问题是什么来着，我们已经忘了。

学员：金钱对你来说感觉是怎样的?

拉：金钱对你来说感觉是怎样的?是的，谢谢你!

学员：对我来说那个底线，我猜，在这个星球上，是在监狱里的搏斗……

拉：哈，是吧。非常有趣的观点，哈?钱感觉像是监狱里的搏斗。好，这当然描述了这房间里的每个人。有谁没将之看为他们已经创造出来的实相的？

学员：监狱里的搏斗？

拉：对。

学员：我不这么看。

拉：你不这么看？

学员：有一点儿，我不理解那是什么意思，实际上。

拉：你不是在一直搏斗着得到钱的？

学员：哦，好吧。

拉：而你没感觉它是一座你还没呆够的监狱？

学员：我放弃（笑声）。

拉：很好。

学员：我们肯定都在一个相似的实相里。

拉：你们都活在同一个实相里。所以，我们还需要对这点发表甚至一个评论吗？

学员：是的，那S（学员）呢，和他的易货系统？

拉：嗯，那本身不就是座小型监狱吗？

学员：我不确定，你对此感觉如何，S（学员）？

学员：是的，是监狱。

拉：是的，是监狱。你们看，每个人都有他们自己的观点。你在看着S，然后把他的实相看作是自由，但是，他在把唐纳德·特朗普看作是自由的。（笑声）

学员：好吧，你说我们是否必须讨论这个，嗯，这种类型的怎么办？

拉：容许。有趣的观点，哈？我感觉被金钱囚禁，对我来说它感觉像是监狱。对你来说它感觉像是天鹅绒吗？对你感觉起来是扩展的吗？不，它感觉是缩减的。它是一个实相还是你已经选择的以及你如何已经选择来创造你的生命的？它是你如何已经选择来创造你的生命的。它和墙壁一样，不过是个实相罢了。但是你已经认定了它们是坚固的，可以阻挡寒冷。于是它们就起了这个作用。所以，你是不是也制造了关于金钱的种种限制，以同样的坚固度。开始在容许中运作吧，这是你脱离你已经创造出来的陷阱的门票。好了吗？下一个问题。

第五章

金钱对你来说看起来是什么样子的？

拉斯普廷：好的，下一个问题，对你来说钱看起来是什么样子的？

学员：绿色、金色和银色。

拉：所以，钱是有颜色的，它是一致的、是固态的。这是钱的真相吗？

学员：不是。

拉：不是的。钱只是能量，就是这样。它在物质宇宙中所采用的形态，已经被你赋予了重要意义和固化性，然后围绕着它你创造了一份你自己的世界的固化，而这创造了一份对拥有它的失能。如果钱仅仅是你看到的金色或银色，那你最好在脖子上戴许多的链子。如果它是绿色的，那你穿绿色衣服就会有钱吗？

学员：不会。

拉：不会。所以你必须把钱，不是看作为一种形态，而是一种对能量的觉察，因为这是你能从中丰盛地创造它的全部的那份轻盈。

学员：你如何看到能量？

拉：当你拉动能量进入到你身体的每个毛孔时，感受它。这就是你如何看到能量的方式。带着觉知的感受你将看到能量。好吗？

学员：好的。

拉：下一个问题。

第六章

金钱对你来说尝起来像什么？

拉斯普廷：现在，下一个问题。下一个问题是什么？

学员：钱尝起来像什么？

拉：好。谁希望回答这个问题？这个问题应该很好玩。

学员：钱尝起来像是醇厚的黑巧克力。

拉：嗯，有趣的观点，哈？（笑声）

学员：纸、油墨和污垢。

拉：纸，油墨和污垢，有趣的观点。

学员：肮脏的眼罩。

学员：我嘴里两侧的味蕾开始流口水了。

拉：是的。

学员：甜甜的，水润的。

学员：湿滑的污秽，仓库里的大理石和桃树。

拉：很好。好了。所以钱对于你们来说，品尝起来非常有意思，哈？注意钱尝起来比感觉起来更有趣对你们。它有更多的变化。为什么你会这么想呢？因为你已经把钱创造为了你的身体机能。对于 S 来说，钱是关于吃的，吃巧克力，是吗？是的，你们看到每个人对钱尝起来像是什么都有一个观点。它是滑滑的，有趣的，很容易在舌头上滑过，嗯？它容易咽下去吗？

学员：不容易。

拉：有趣的观点。为什么不容易咽下？

学员：它会卡住。

拉：有趣的观点：坚硬、厚实、响脆。你们对钱的观点真的好有趣。

学员：但这些观点都是相同的。

拉：这些都是相同的观点，都是关于身体的。

学员：即使它看起来不同，她……

拉：即使它看起来不同。

学员：……她说巧克力，然后我说有点苦，但都是一样的。

拉：是一样的，是关于身体的；它必须用你的身体来品尝。

学员：品尝是与身体有关。

拉：真的吗？

学员：是的。

拉：你不能在身体之外品尝吗？

学员：不能在一块英式三明治上。

拉：但是钱，重点是，你能把钱的功能看成是一个身体机能吗？你把钱看作是一个三维实相，而不是把它看成是一个创造物的实相。你把它看成是一个东西，一个固体的、真实的、实质性的，一个有味道、有形状和构造的东西。因此，就会随之对钱持有某种特定的态度。但是，如果钱是能量，它是轻盈和轻松。如果钱是身体，它是沉重而有意义的，而沉重和有意义就是你创造了金钱的地方，不是吗？

学员：是的。

拉：那难道不是你所有观点来自于的地方吗？

学员：所以，当你问我们钱的味道时，我们又一次进入了种种假设之中。

拉：种种假设。你们立即假设钱是身体，假设那是你生活的地方，是你如何运作的方式。你知道，它是滑滑的，它很脏，它是各种各样的东西，它细菌丛生。这是有关钱的多么有趣的观点啊。

学员：有时候，钱也是温暖和冰冷的。

拉：温暖和冰冷？真是这样吗？

学员：还有一个，在金钱背后有一个你持有的信用因素，一个黄金标准就像……

拉：这是一个观点，一个你买入的考量。这是一个实相吗？不再是了！！（笑声）在钱的背后有任何东西吗？拿起一张一美元钞票，你在它的后面看到什么了？

学员：空气。

拉：什么也没有，空气！许多的空气，这就是钱背后的一切！（笑声）

学员：很多的热空气。

拉：很多的热空气，正是如此（笑声）。当你听人们谈论金钱的时候，他们是把钱创造为热空气吗？他们会把它谈论为热空气吗？是的，但是他们如何创造金钱呢？钱是非常重要的、沉重的和巨大的，不是吗？它像一吨砖头一样重压着你。这是实相吗？这是你希望如何为你自己创造它的方式吗？好的。所以，开始看一看钱，感受它。每次当你听到一个关于钱的思虑时，感受它。这就是你们的家庭作业，跟其他的有关金钱的作业一起完成。每当你感受到一些有关钱的思虑、想法、信念、决定或态度的能量时，感受它击中你身体里的哪个部位。感受那个部位的重量然后把它变得轻盈。把它变得轻盈，那只是一个有趣的观点。

那只是一个有趣的观点；仅此而已，它不是一个实相。但是很快你就会看到你的人生曾经怎样被创造着，钱流入进来，从你的每一个意愿，参与买入其他每一个人的观点。在这个配置中，你在哪里？你已经离开了，你把自己缩减了，你已经让你自己消失，然后你变成了你称之为金钱的仆人、奴隶。你吸入的空气是真实的，而钱之真实并不超越于此。它不比你吸一口气更为重要。它也不比你看见朵朵花儿更为重要。花儿带给你喜悦，对吗？你看着花儿，它带给你喜悦。当你看着钱，它带给你什么？压抑，没有什么其他如我所愿的。你从来没有对你拥有的钱感恩，是吗？

学员：没有。

拉：当你得到一百美金你说，"哦，这笔钱将付一笔账单，该死的，我真希望有更多钱。"（笑声）。而不是："哇哦，我过去做了好事是不是？"你没有欢庆你所创造出来的东西，你说，"噢，我又赚的不够多。"这在说什么?钱怎么在你生活中显化?如果你看着账单，如果你在地上发现一美元，你捡起来放进兜里然后想："哦，我今天真幸运。"你会想"好家伙，我之前做了一个伟大事情在显化吗?我之前棒棒地创造了让一些钱流向我吗?"不，因为那不是你认为你需要的一万美金。又是**需要**这个词。

学员：钱尝起来像什么?

拉：它尝起来像什么?

学员：肮脏的。

拉：肮脏的?难怪你没任何钱。（笑声）。

学员：甜甜的。

拉：甜甜的。你的钱多点。

学员：好的。

拉：好的，好味道，你在股票里也有一点钱。

学员：像水。

拉：像水，流走的挺快，像水一样，啊?（笑声）。就从膀胱里流出去。还有其他的观点吗?没有，其他人还有任何别的关于钱的观点吗?

学员：恶心的。

拉：恶心的。你上一次品尝钱是什么时候?

学员：我小的时候。

拉：对的。因为你小时候被告知钱是肮脏的，不要把钱放到你的嘴巴里。因为你买入了钱是恶心的这个观点。你买入了钱是不好的、钱不是能量、而是某些得被避开的东西的观点。因为钱是脏的，因为它没有被作为好的东西提供给你。你在很小的时候就买入了这个观点，并且你永远地保留了这个观点。你现在能选择不同了吗?

学员：能。

拉：好。容许你自己拥有那不过是一个有趣的观点的实相。无论钱尝起来像什么。它不是固体的，它是能量并且，你也是能量。对吗?你是否曾经围绕你对钱持有的种种观点创造出你的世界?它是肮脏的，恶心的吗?你曾经有有限数额的金钱，因为你不希望你是个充满铜臭味的肮脏之人吗?有时变得肮脏是一件好玩的事儿，在我的有生之年它是这样的。(笑声)

第七章

当你看到金钱朝你过来时，你感觉它是从哪个方向过来的？

拉斯普廷：好的。那现在，下一个问题。下一个问题是什么？

学员：你看到金钱从哪个方向过来？

拉：好。你们看到金钱是从哪个方向过来的？

学员：从前面。

拉：前面。它总是在未来，嗯？你将在未来的某个时候有钱，你将变的非常富有。我们都知道这点。

学员：但有时候我会看到钱无明而来。

拉：无明而来稍好一些。但无明，无明是在哪里？从任何地方而来是让它来到的一个更好的地方。

学员：除了从上面以外的每一个地方，如何？

拉：嗯，你为什么要限制它呢？

学员：我知道，我从来没有想过这个。

拉：从没想过那是可以的让雨变成……

学员：不，雨我是看到的，但我不认为它是从地下而来的。你自己的金钱树。

拉：是的，让钱从四面八方为你长出来。钱能从任何地方到来；钱一直都在那里。现在，感受这房间里的能量。你在开始创造为金钱。你感受到了你能量的不同了吗？

全班：是的。

拉：是的。你看到钱是从哪里来的？

学员：我丈夫。

全班：（笑声）

拉：我丈夫，其他人，还有别的地方吗？

学员：事业。

拉：事业，艰辛的工作。你们在这里谈论的观点是什么？如果你从其他人那里寻找金钱，那个人位于哪里？在你前面，在你旁边，在你后面？

学员：在我后面。

拉：那个人是否是你的前夫？

学员：是的。

拉：是的。所以你在寻找的是过去，从他那里，获得你的人生。你是从那里创造的吗？

学员：不是的，但我认为……

拉：是，好吧。你在说谎。所以，首先，拉动这间屋子里所有地方的能量，从你的前面进入，经过你身体的每个毛孔，拉动它进入你身体中的每个毛孔。好，现在，从你的两旁拉动能量，进入你身体的每个毛孔。现在从你的下面拉动能量，进入你身体的每个毛孔。现在从你的头顶拉动能量，进入你身体的每个毛孔。现在能量从四面八方进入，而且金钱不过是能量的另一种形态，现在把能量转化成金钱，从每一个方向进入你的每一个毛孔。

注意你如何把钱变得更固化，你们大部分人。把它变轻盈，让它再次成为你正在接收的能量。现在把它变成钱。好。这样好些。这就是你如何成为金钱的，你透过每一个毛孔把它流进来。不要看到金钱是从他人那里到来的，你不看到它来自其他的空间，你不看到它来自工作；你容许它流进来。现在停止你全身每一个部位的能量流。然后现在我们希望你把能量从身体前面流出来，尽你所能。把它流出来，流出来，流出来。你的能量在缩减吗？不，它没有。感受，在你的后背，当你从前面把能量流出去时，能量在从后背流入。

能量没有枯竭的时候，它是不断流动的；钱也是一样的。现在拉动能量进入你身体的每一个毛孔，从每一个地方。好，就这样。现在留意到当你从四面八方拉动能量的时候，它也从四面八方出去，它不是停滞的。现在把能量变成金钱，你将开始看到钱在飞来飞去，在你周围的每一个地方。是的，它进来、出去、围绕你，穿过你。它持续地移动；它是能量——就像你一样。它是你，你是它。是的，就这样。

好的，现在，停止那份流动。现在，开始流动金钱，从你前方把上百张钞票流向这房间里的其他任何一个人。把钱流出来，大量的钞票，看到他们获得巨额的金钱，把钱流出来，流出来，流出来，流出来。注意，你仍在从背后拉能量进来，如果你容许，从你背后进来的能量将会和你从前面流出去的能量一样多，而且你依然做的是流动金钱。这样会让你们明白些吗?当你认为你没有足够的钱付账单以及让钱流出去很困难时，那是因为你关闭了你的后背以及你不愿意接收它。钱像它流出去一样地流进来，当你被明天不会有足够的钱这个观点把它堵塞住时，你就在你自己之内创造了一个无能。而你是没有任何无能的，除了那些你自己创造出来的。好的，大家都明白了吗?下一个问题。

第八章

就金钱而言，你觉得你拥有的
比你需要的多还是少？

拉斯普廷：好。下一个问题。

学员：就金钱而言，我感觉如何，"我拥有的比我需要的多还是比我需要的少？"

拉：是的。就金钱而言，你觉得你拥有的比你需要的多还是比你需要的少？

学员：少。

学员：我不得不说少。

学员：每一个人都说少。

拉：是的，这是个既定事实，嗯？你们没有一个人认为你拥有的已经足够了。因为你们总是把钱看成是需要，你们将总是不断创造什么？需要、不足够。

学员：但是，关于我们明天要付的账单呢？

拉：是的，你看，你们一直看向你明天将如何付账单，正是如此，非常感谢你。它总是关于你明天将如何付账单。今天你有足够的钱吗？是的！

学员：我还好？

拉："我还好"，谁在说这句话？你在这里有一个有趣的观点，我还好。我很好，我非常好，然后你现在创造更多。

我的钱是奇妙的，我爱这么多的钱，我能拥有我渴望的那么多钱。容许它进来。感恩于你今天拥有它这一事实，不要担忧明天，明天是全新的一天，你显化新的事物。机会会来到你，对吧？

现在，真言是："生命中的一切都向我来得轻松喜悦而又充满荣耀。"（学员们重复这句真言几次）。好，现在感受一下那个能量，它和"我是力量，我是觉知，我是控制，我是创造力，我是钱"的能量难道不是一样的吗？

学员：还有爱？

拉：还有爱。但你一直都是爱。你曾经一直是爱，你将一直会是爱，这是既定之事。

学员：为什么？

拉：为什么它是既定之事？你认为你首先是如何创造出你自己的？是从爱里。你是带着爱来到这个地方的。你唯一没有轻松地给予爱的人是你自己。成为对你自己的那份爱，你是金钱，你是喜悦，你是轻松。

第九章

就金钱而言，当你闭上眼睛，它是
什么颜色的，有多少个次元？

拉斯普廷：就金钱而言，当你闭上眼睛，它是什么颜色的？有多少个次元？有人说吗……

学员：三个次元。

拉：蓝色的，三个次元，嘿。

学员：多重次元的？

学员：绿色的，二个次元。

学员：绿色的，三个次元。

拉：有趣。你们大多数都只有两个次元。你们有几个人是多次元的。部分人有三个次元。

学员：我有宽广敞开的空间。

拉：宽广敞开的空间好一点儿。宽广敞开的空间是钱应该在的地方，感受这个的能量。然后钱可以从四面八方到来，是不是？而且，它无处不在。当你把钱看成是宽广敞开的空间时，就不存在匮乏了，是吧？也不存在金钱的缩减，它没有形式，没有结构，没有重要性。

学员：也没有颜色？

拉：也没有颜色。因为，好的，你在看美元，黄金如何？它是绿色的，有三个边的吗？不是。银色的又怎么样？嗯，有时候那差不多是彩虹色的，但甚至连这个也还不够。它是液体吗？你们有想到液态的颜色吗？

学员：没有。

拉：那商店里卖东西的人呢?嗯，你希望以什么方式跟他说话?你们要去商店购物吗?什么假设……

学员：很贵。

学员：是的，这是宽广敞开的空间，而你，我们正在讨论容许你自己拥有你从未想过的如此多的钱进来。从来不考虑钱。当你走进商店，你是看你买的每样东西的价格并把它们加起来看看是多少，来看看你是否有足够的钱来消费吗?

学员：有时候我不敢打开我的信用卡账单。

拉:的确。如果你不希望知道你欠了多少钱的话，不要打开那些信用卡账单。(笑声)。因为你知道自己没有足够的钱来付账。你已经自动地假设这一点了。

学员：我只是不想要看它。

拉：不想要?

学员：看向它。

拉：写下来，把它写下来。

学员：想要，想要，想要

拉：想要，想要。把它写下来，撕掉它。别再用**想要**，别再用**需要**了，不允许你们。行吗?

第十章

就金钱而言，哪个更容易，流入还是流出？

拉斯普廷：好，下一个问题。

学员：就金钱而言，哪个更容易，流入还是流出？

拉：这里有谁说过流入更容易的吗？

学员：如果他们这么说过，他们撒谎了。（大笑）我知道我没说过。

拉：是，鉴于你们不看自己的信用卡账单这个事实，它肯定不是真的。

学员：我不确定哪个更容易。

拉：我不确定，有趣的观点，哈？好的。那么，对你们所有人来说，金钱流出这个想法是你最常把持的最重要的观点。花钱太容易了，但工作就太辛苦了，我得辛苦工作赚钱。有趣的观点，哈？谁在创造这些观点呢？你们！

所以，感受金钱，感受能量进入你的身体。好，它从四面八方进来，感受它在进来。好的，现在将能量从你前面流出去，感受它从背后进来，并容许这一出一进是相等的。现在，感受数百美元从你前面流出去，以及数百美元从你背后进来。好的。感受数千美元从你前面流出去，数千美元从你背后进来。留意到你们多数人对做这个有些固化僵硬。放松点，那只是钱，它不重要，这会儿你甚至无须从你的钱包里把它抽出来。现在，让数百万美元从你前面流出去，以及数百万美元从你背后流进来。留意到让数百万美元流动比让数千美元流动更容易。因为你已经创造了关于你能拥有多少钱的一个重要性，而当你得到了数百万美元，剩下的就不再有意义了。

学员：为什么呢？

拉：因为你不认为你将有一百万，所以，它就是不相干的。（大笑）

学员：嗯，我更难让钱从后面进来，或许我认为我将来会有钱吧。

拉：也许吧，但是你肯定更愿意让你的钱流出去而不是让钱流进来。这又是一个有趣的观点，哈？现在，能量流出去和流进来是相等的吗？是的，勉勉强强吧。但是，能量是没有限制的，钱也是没有限制的，除了那些你、你自己，创造的限制。你掌管你的人生，你创造它，你用你的选择以及那些与你对抗的你的种种无意识想法、你的种种假设性观点创造它。并且，你从认为你不是力量、你没有力量和你无法成为你所是的力量出发来创造它。

第十一章

你最糟糕的三个金钱问题是什么?

拉斯普廷:下一个问题是什么?

学员:你最糟糕的三个金钱问题是什么?

拉:哦,这是个好问题。谁愿意自愿回答这个?

学员:我愿意。

拉:好的,到这边,是的。

学员:我非常害怕没有任何钱。

拉:哦,是的,嗯,我们讨论过恐惧了,对吗?那么,我们还需要再多谈谈这点吗?现在每个人对此都很清楚了吗?好的,下一个。

学员:我想要买很多东西。

拉:哦,有趣的观点,买很多东西。你通过买很多东西得到什么呢?(笑声)。很多要做的,很多要照顾的,你用很多东西把你的人生填满。你感觉有多轻呢?

学员:有负担,然后我发现自己把它们都送出去了,给了邻居,生日礼物……

拉:是呀,那么,买很多东西的价值何在?

学员:它在我的血液里。

拉:那,这又怎么会是你的思虑之一呢?

学员:因为它让我很困扰。

拉:它困扰你是因为你买东西?

学员:是的。

拉：好的。所以，你如何克服购物的欲望?通过成为力量，通过成为觉知，通过成为控制和通过成为创造力。而当你来到你感觉需要购物的那个地方时，你购物的原因是因为你假定你没有足够的能量。把能量带进你之内。如果你希望打破购物的习惯，就把钱送给街上无家可归的人，或者把它捐给某个慈善机构，或者把它送给某个朋友。因为你所做的是你已经决定你有太多的钱进来。所以，你必须确保从你的观点来看，让金钱流均等。你看到你在如何这样做的了吗?

学员：是，是的，我真的有太多流入了。

拉：是的。那么，能存在太多的金钱流入吗，与流出相对比?不，这是个被创造的实相。而你在那里存在的和你在假设的是，如果你有太多金钱流入的话，你就不是灵性的，你就没有连接你的神圣力量。真相是，这无关紧要，而你对如何创造你的人生所做的选择才是真正重要的。如果你以能量创造，如果你以力量创造，如果你以觉知创造，以及如果你以控制创造，你就将在你的人生中拥有喜悦，而这是你起初一直在努力达成的。轻松、喜悦并充满荣耀，这才是你渴望的，这才是你所追寻的，这才是你要去往的地方。而如果你们跟随我们今晚已经给你们的指引，这是你们全都会达成的。好了，现在，我们已经解答所有的问题了吗?

学员：就是，同样的事情，如果我有钱并且我感觉，嗯，别人没有，那我就应该把这钱给他们。还有，所以然后我就没有那么多钱了，或者说我担心这一点。

拉：那假如你给他们能量，会怎样?

学员：给他们能量而不是给钱?

拉：是的，它们是一样的。

学员：那当有人在地铁里乞讨时，你就只是……（笑声）

拉：嗯，你刚才已经……

学员：他们要一美元，而你就……

拉：你今晚在这儿没吸入能量吗?

学员：吸了。

拉：你难道没有吃掉你的能量填充吗?吃的目的是什么?获得能量。钱的目的是什么?拥有能量。呼吸的目的是什么?拥有能量。根本不存在任何的区别。

学员：它显得确实不同。

拉：仅仅因为你把它决定和创造为不同。那个假设是它们是不同的。

学员：没错。

拉：而当你假设这一点时，你就开始从创造钱的匮乏、能量的匮乏之位置来创造了。

学员：但是，这对我似乎不大对头，因为似乎我在假设的一部分是我是一个人类，这……

拉：嗯，这正是个糟糕的假设。

学员：嗯，我生活在一个人类社会，它有着诸如面包、水、时间、政府……的创造。

拉：所以你在把你自己创造为一个身体。

学员：我在把我自己创造为处于 1996 年在纽约的 S，是的。

拉：你在把你自己创造为一个身体。那是你真正希望所在之处吗?你在那开心吗?

学员：嗯……

拉：不!

学员：当我离开这个身体时，曾有过其他似乎糟糕得多的地方，所以，这似乎是个不错的停留点来看看我如何可以解决那个问题。同时，这也是相当差的新的……

拉：是的。但无论你在哪里，你都在创造着你所在之处的种种实相，以你自己的观点。

学员：对我来说，看起来不是这样的，似乎是其他人和我一起创造或者为我创造，在我之上。我不认为我可以完全说是我创造的，我不这么认为，也许，但是我不这么认为。

拉：你不控制我们所说的？

学员：你所说的。我的意思是，你和我以某种方式连接着……

拉：是的。

学员：……而每个人都是，可是……还有……这个悖论是你是你，而我对此没有疑问，你是一个灵性存有。

拉：你也是。

学员：而你是 S（另一个学员），然后你是 S（另一个学员），我们一起在这儿分享着某些实相，我们处于 1996 年在纽约，难道不是吗？但我以某种方式与你在一起，我不认为我是你。

拉：没错，这就是我们一直在讨论的，你不认为。每当你认为……

学员：我就有个问题。

拉：你就有个问题。

学员：你明白了。（笑声）

拉：所以把它扔掉吧，你的头脑，它是个无用的碎片。

学员：然后从屋顶跳下去。

拉：然后从屋顶跳下去，并开始作为你所是的存有漂浮。你，当你扔掉你的头脑和停止思考的过程时，每个想法都有一个它的带电元件，这个带电元件会创造你的实相。每当你认为，"我是这个"，"我是一个身体"，那恰恰是你会变成的。你不是 S，你是此时 S 的一个可见性，而你有过数百万个其他生世和数百万个其他身份。而你仍然还在成为这些，此刻。你的意识，其最大部分，依照你的观点，就在此时此刻。而这，也不是一个实相。当你不再连接那个想法，也就是你的实相是在此刻用你全然的意识所创造出来的，并开始看到你从哪里得到其他的想法、其他的观点，以及其他人的态度、信念、决定和主意，你就将会开始连接上那些其他次元。那些次元能给予你在这个星球上比你此刻一直在试图从你的思考过程来创造的任何东西都更加伟大的实相。而这才是你真正渴望去往的地方。

思考阻碍生活，因为它不是一个创造性过程，它是一个陷阱。下一个问题。

第十二章

哪个是你拥有更多的，金钱还是债务？

拉斯普廷：下一个问题。

学员：哪个是你拥有更多的，金钱还是债务？

拉：你哪个更多？

学员：债务。

学员：债务。

拉：债务、债务、债务、债务。有趣。每个人都有债务，为什么会这样？为什么你有债务？感受"债务"这个词。

学员：哦，它是沉重的。

学员：是的。

拉：感觉像是一砣的砖头。那么，我们给你们一点儿提示，如何卸掉它。因为你买入了那个观点，也就是它是关于你的事情中意义最重大的，它重压着你，不是吗？因为它是沉重的，因为它是重要的，因为它是固化的——你不断地加码，加码，因为你买入了陷入债务是没关系的想法，你买入了一个人应当负债的想法，你还买入了你无法拥有足够多的钱的想法，不论怎样吧，而无需你欠下债务。这是真的吗？

学员：呃，哈。

拉：有趣的观点。这是真的吗？

学员：是的，我曾经就这么认为的。

拉：好的，嗯，你还这么认为吗？

学员：不了。

拉：好。好了，那你如何清掉你的账单和债务？通过偿还过去的开支。你能让过去的开支固化吗？感觉一下，它感觉起来像是债务吗？

学员：它上面没有评判。

拉：没有评判，正是如此。而你评判你自己，极其显著地，对于你的债务，不是吗？还有，当你评判你自己时，是谁在踢你？

学员：我自己。

拉：没错。那么，你为什么因为创造了债务而生自己的气呢？嗯，你应该如此。你是个了不起和光荣的债务创造者，你是创造者，你创造出了巨大的债务，不是吗？

学员：哦，是的。

拉：非常大的债务，伙计，我擅长创造债务！好吧，那么，看看你作为债务所是的光荣创造者吧。成为你所是的光荣创造者来还清你过去的开支。感觉过去的开支上面的轻盈——这就是你如何在你的意识上创造转变的。轻是工具，当你是轻盈的，当你作为钱是轻盈的，你就在你的意识和你周围每个人身上创造了一份转变和改变。然后你创造了一个动态的能量，它开始转变你生活于其中的整个域场和你所在的地方，以及你如何接收金钱、金钱如何来到你之内和你生命中的一切如何变得行得通。但是，知晓你是一个伟大而光荣的创造者，以及你在过去所创造出来的所有一切正是你说过它所是的东西，还有你在未来创造的，也恰恰将会是你将之创造为的一切，通过你做出的种种选择。好了，下一个问题。

第十三章

就金钱而言，为了在你的生活中拥有丰盛的金钱，有哪三样东西会解决你当前的财务状况？

拉斯鲁廷：好了，我们还有两个问题，对吗？

学员：还有一个问题。

拉：还有一个问题。这最后一个问题是什么？

学员：就金钱而言，为了在你的生活中拥有丰盛的金钱，有哪三样东西会解决你当前的财务状况？

拉：是吧，哪位志愿回答这个问题？

学员：我。

拉：好的。

学员：做我热爱的事情并做到最好。

拉：做我热爱的事情并做到最好？

学员：是的。

拉：那么，什么让你认为你无法做你热爱的事情并做到最好？还有这里那个基本的假设是什么？

学员：我缺乏钱来达到那里。

拉：嗯，你热爱把什么做到最好？

学员：我热爱园艺和做疗愈。

拉：园艺和疗愈？你现在在做这些事吗？

学员：有时候。

拉：那是什么让你认为你还没有得到你渴望的东西呢？

学员：嗯……

拉：因为你每周在花七天的时间做着你憎恶的事情？

学员：正是如此。

拉：谁创造了这个实相？

学员：可是，嗯……

拉：围绕着这座城市，他们不需要园艺师吗？如果你热爱园艺，你怎么会没成为园艺师呢？

学员：因为我还在做的过程中，在让它发生，但是我……

拉：那么，那个你正在从中运作的基本的潜在假设是什么？时间。

学员：时间，是的。

拉：是的，时间。

学员：之前没时间创造。

拉：是的，之前没时间创造。我们一开始的时候讨论过什么？创造力，创造愿景。力量，成为我是力量。你在给予你渴求的事物能量，对知晓你将会拥有它之觉知。你在哪儿持续逐渐破坏着你对你将会拥有你所渴求的一切之知晓？你每天都在这么做——当你去工作时，你说，"我还没有得到它。"

学员：没错。

拉：你在从这个观点中创造着什么呢？依然从来没有得到，而且明天你仍然不会得到它，因为你仍然有着你还没有得到它的观点。而且，你已经采取了控制的姿态，你已经决定必须有一条特定的必不可少的道路到达那里。如果让你得以到达那里的那条道路是你不得不被解雇才能走上这条道路，你不知道的，是吧？但是，如果你决定了你能这么做的唯一方式就是保住那份你厌恶的工作，因为它将给予你那份抵达你希望去到哪里的自由，你就已经创造了一个划分和一条途径、一种你必须到达那里的方式，而这不容许丰盛的宇宙来为你的道途提供。

现在，我们要给你们另外一小句话，你们可以把它写下来并贴在你每天都能看得到它的地方。那就是：

我容许丰盛的宇宙为我提供一切多样性的机会，它们全都旨在围绕和支持我的成长、我的觉知和我对生命喜悦的表达。

这就是你们的目标，这就是你们要去往的地方。

拉：好了。S，你的下一个答案是什么？

学员：跳脱出债务，这样我就能追赶上我自己，并且变得自由。

拉：跳脱出债务。这里的基本潜在假设是什么？我将永远不会跳脱出债务和我欠债呢。那你每天在对自己说什么？"我欠债呢，我欠债呢，我欠债呢，我欠债呢，我欠债呢，我欠债呢，我欠债呢。"你们有多少人是欠债的？

学员：我们全都是，估计。

拉：那你们有多少人是在大量而又孜孜不倦地说这句话的？（笑声）

学员：我没有。

学员：孜孜不倦。（笑声）

拉：好，所以不要从那里创造。从"我是金钱"来创造。不要担心你所谓的债务，一次还一点点。你希望立即就还清；从来到你的所有收入上抽取 10%，然后把它拿来偿还债务。还有，根本不要把它们叫做债务。听听债务这个词的发音，听起来非常不错，嗯？把它称做"过去的开支"。（笑声）

学员：我会这么做的。

学员：非常棒，真的非常棒。

拉：很难说"我是过去的开支"，不是吗？（笑声）。很难说"我处于过去的开支"。但是说"我正在偿还过去的开支"很容易。看到你如何跳脱出债务了吗？我们也必须不能忽视那里的自由。其潜在的观点是，你没有自由，这意味着你没有力量，进而意味着你没有选择。这是真的吗？

学员：不。

拉：不。你已经选择了你的体验，你人生中的每一个体验，你人生的每一个体验都曾是关于什么的?在你的内在创造更大更大的觉知。你在过去所选择的，没有一个是为了其他任何目的——除了唤醒你于你自己的实相和真相，否则你今晚就不会在这里了。好了吗?

学员：你可以再重复一遍吗?

拉：你在你的人生中曾做过或选择过的一切，没有一个是为了其他任何目的——除了唤醒你于你自己的真相，否则你今晚就不会在这里了。这么说怎么样?我们可是一个字一个字地说的?（笑声）好了，你的下一个观点是?

学员：过更简单的生活。

拉：这可真是坨臭屎。（笑声）

学员：我知道。（笑声）我在写下它时甚至就知道了。（笑声）

拉：你们没有一个人是渴望更简单的生活的，简单的生活是非常容易的——死掉!然后，你就拥有简单的生活了。（笑声）死亡是简单的；生命，生命是一个丰盛的体验。生命是一切的丰盛，生命是喜悦的丰盛，轻松的丰盛，荣耀的丰盛，它是你的实相和你的真相。你是无限的能量，你是构成这世界的万事万物——全然的；每当你选择成为金钱、成为觉知、成为控制、成为力量、成为创造力，你就将这个物理地球改变成一个人们可以真正带着绝对的觉知、绝对的喜悦和绝对的丰盛来生活的地方。不仅是你，这个星球上的其他每一个存有都会受到你的各个选择的影响。因为你就是他们，他们就是你。而当你卸掉你自己的思虑，当你不再传递你的思虑并用之卡滞别人，你就创造了一个更加轻盈的星球，一个更加觉醒和觉知的文明。而后那些你渴望的，那些你一直希翼的，那和平与喜悦之地将会得以开花结果。但是你是其创造者，处于对这一点的知晓当中，处于这一点的喜悦之中并保持这一点。

现在，我们再一次重申，你们的工具是：

- 当你感到关于金钱想法的能量向你涌来时，你感到它们的侵入，就倒转它们，让它们出离你，直到你可以再次感觉到那个是你的空间为止。然后，

104

你会知道，它们不是你，你创造了那个实相。

- 记住，你创造你将拥有什么的愿景，通过连接那个愿景的力量和能量。以及通过觉知到那是一个已经存在的实相，因为你已经想过它了。你不必控制它如何到达那里，你就是控制，因此它将会如丰盛的宇宙能将之提供给你的那般快速地发生。还有它会发生的，不要评判。

- 每天为你实现的每件事而心怀感恩，当你得到一美元时，感恩，当你得到五百美元时，感恩，当你得到五千美元时，感恩，并且，你要把你称为债务的东西称作过去的开支，而不是债务。在你的人生中不欠任何东西，因为没有过去，没有未来，只有当下这十秒钟是你从中创造你的人生的。

- 把这条真言放在你的面前："**生命中的一切都向我来得轻松、喜悦而又充满荣耀。**"

- 说："**我是力量，我是觉知，我是控制，我是创造力，我是金钱**"，每天早上说十次，晚上说十次。

- 把这句话贴到你可以看到它并跟其他人分享的地方，"**我容许丰盛的宇宙为我提供一切多样性的机会，它们全都旨在围绕和支持我的成长、我的觉知和我对生命喜悦的表达。**"并且成为它，因为这是你的真相。

那么，今晚就到这里。在生命的方方面面成为金钱。我们带着爱与你们告别。晚安！

ACCESS CONSCIOUSNESS

生命中的一切都向我来得轻松、喜悦、充满荣耀！

网址：www.accessconsciousness.com

Printed in Australia
AUHW011734100122
358014AU00056B/311

9 781634 930383